一頁 folio

始 于 一 页 ， 抵 达 世 界

传说背后的
欧洲中世纪

花衣魔笛手

〔日〕

阿部谨也 著

夏川 译

GUANGXI NORMAL UNIVERSITY PRESS
广西师范大学出版社
·桂林·

著作权合同登记号桂图登字：20−2021−214号

图书在版编目(CIP)数据

花衣魔笛手：传说背后的欧洲中世纪 / (日) 阿部谨也著；夏川译. —
桂林：广西师范大学出版社, 2021.8

　ISBN 978−7−5598−3766−0

　Ⅰ.①花… Ⅱ.①阿… ②夏… Ⅲ.①社会生活−历史−
欧洲−中世纪 Ⅳ.①K503

　中国版本图书馆CIP数据核字(2021)第075825号

广西师范大学出版社出版发行

　广西桂林市五里店路9号　邮政编码：541004
　网址：www.bbtpress.com

出 版 人：黄轩庄
责任编辑：邹旭勇
特约编辑：胡晓镜
书籍设计：COMPUS・汐和
内文制作：燕　红
全国新华书店经销
发行热线：010−64284815
北京中科印刷有限公司印刷
开本：787mm×1092mm　1/32
印张：9.25　字数：180千字
2021年8月第1版　2021年8月第1次印刷
定价：68.00元

如发现印装质量问题，影响阅读，请与出版社发行部门联系调换。

歌，诗，词，曲，我以为原是民间物，文人取为己有，越做越难懂，弄得变成礓石，他们就又去取一样，又来慢慢的绞死它。

——鲁迅。引自高田淳《鲁迅诗话》

目录

序 章

1971 年 5 月的一天，我在西德哥廷根市州立档案馆内，埋头分析 14、15 世纪的古文献、古抄本。分析古代文献本身可谓枯燥的工作，需要精神集中、情绪高昂，但每天要在与档案馆外的日常生活、世界局势、日本新闻等隔绝的独特氛围中进行，换句话说，在暂时过滤掉世俗兴趣的状态下推进。

在一间天花板很高的安静房间里，我继续做着一年半以来每天都在做的工作。当时我在彻底调查、分析波罗的海沿岸东普鲁士某个地区的古文献，那天也照例系统地调查一个村子的文献。调查库卢肯村时，我不经意地翻看有关该村最新研究的那一页。那时，"Rattenfänger"（捕鼠男）这个词闯入我的眼帘。书中介绍，这里留存一则发生在库卢肯村尤鲁根肯水磨坊的捕鼠人传说。

故事说，一名男子拜托水磨坊主，希望能以住宿佣工的形式在那里工作，但被冷眼相待，于是就把老鼠送到磨坊里，弄得满屋子都是。磨坊主几乎哭着道歉，男子便在附近结冰的湖面上打个洞，把老鼠引过去淹死在里面。读到这里，我的后背像有一股电流经过。这位研究者还写到，就在我研究的萨克森地区，被"哈默尔恩的吹笛人"*带走的孩子可能是移民到了其他地方。

因解读、分析古文献而多少有些疲倦的大脑，从之前的单调工作中抽离，片刻之间便张开了想象的翅膀。哈默尔恩的吹笛人。那不是几十年前我还是小学生时，在家里看到的穿着绚丽衣服的童话人物吗？回想起来，那则故事仅作为童话来说过于鲜活独特，仅作为事实来说，又带有天马行空的诗与现实交错的色彩。说起来，哥廷根市以北约80公里处就是哈默尔恩市。虽然之前疏忽都没有注意到，但这个故事里面似乎隐藏着某个很深的秘密。也许，它和我正在研究的中世纪日耳曼人东扩†也有密切关系。我站在档案馆的房间

---

* 这则传说原名为 Rattenfänger von Hameln，即"哈默尔恩的吹笛人"，被格林兄弟收录在《德国传说》(Deutsche Sagen) 一书中，命名为 Die Kinder zu Hameln，即"哈默尔恩的孩子"。其英文译名为 Pied Piper of Hamelin 或 Pied Piper，即"哈默尔恩的花衣魔笛手""花衣魔笛手"。本书据作者原文，皆译作"哈默尔恩的吹笛人"。（本书注释皆为译者所加，不再一一标注）

† 12—14 世纪日耳曼人缓慢向东欧地区移民扩张的运动。该运动由当地贵族牵头，招揽农民前往居住，最终使日耳曼人影响的区域扩大一倍，东扩至现在的斯洛文尼亚往北至爱沙尼亚一线。作者后文亦称作"东向移民运动"。

内，失神地沉浸在想象的世界。

回过神来，老成的档案馆工作人员索伊卡（遗憾的是，他在前年溘然长逝）走到我旁边问："在想什么吗？"恍然发现刚好过了中午，我匆忙收拾好文件，回家吃午饭了。

那天之后，我可以说是被这则传说附身了。每天上午，我继续去档案馆做之前的工作，午后则开始在大学图书馆收集与该传说相关的文献史料。周六日的时候，我还带着妻儿去了哈默尔恩市，四处走走、看看。

不久我就发现，早在 17 世纪末，哲学家莱布尼茨就说过"这则传说中隐藏了某些真实事件"，并显示出很强的兴趣，进行破解。在调查中发现 130 个孩子在 1284 年 6 月 26 日于哈默尔恩市失踪这一历史事实后，我也被一种深刻、持续的兴奋感抓住。那是与在档案馆初次遇见时的兴奋感本质上不同的情绪。它不只是因为用成人之眼破解留在少年时期记忆中的童话的乐趣，也不只是解密这个传说，发现孩子们究竟去了哪里的乐趣。是在此之上的东西，即 130 名孩子失踪这一异常事件背后当时欧洲社会中庶民的生活状态，强烈吸引了我。不管怎么说，当我在心里整理最初的兴奋感，想系统地探求自己的兴趣之后，研究这则传说也就成为日常生活的重心，我会每日专心收集史料、阅读文献。

幸运的是，对这则传说的研究与我此前长期探索的问题属于同一个方向，换句话说，它可以说是我这些年研究岁月中绽放的一朵小花。我在《思想》1972 年 11 月号（第 581

号）上发表了这则传说精髓的内容及评价。在本书中，我想援引此后弄清楚的结论，以这则传说为中心，主要将目光投向当时庶民的社会生活。

它或许只是在 13 世纪德国一个小镇上，由一件小事情而产生的地方传说，但是在很短时间内就传播到全世界。因为不管 1284 年发生的这件事情究竟是什么，当时哈默尔恩市庶民的悲伤与痛苦都跨越了时空，直抵我们内心。当接近那时产生这种悲伤、痛苦的庶民生活时，我们就超越了单纯解密似的兴趣或好奇心，直接触摸到欧洲社会史的一角。

第一部分

吹笛人传说的成立

第一章　吹笛人传说的原型

格林兄弟的《德国传说》

我们小时候在绘本，或者在初高中教材上看到的花衣魔笛手（Pied Piper）的故事，主要出自格林兄弟的《德国传说》（1816）或罗伯特·勃朗宁的诗歌《哈默尔恩的花衣魔笛手》（1849）。勃朗宁的诗对英语圈影响更大，但在德国，格林兄弟的《德国传说》具有决定性意义。考虑到前者是诗，而后者是"收集古代传说"的产物，我们也必须先从后者的内容开始吧。我们小时候着迷的这则传说的直接原型是什么呢？

1284 年，一个奇怪的男子出现在哈默尔恩市区*。

---

* 欧洲中世纪的城市大多较小，人口只有数万，相当于中国现在的镇；德国现在的行政区划中，市一般也位于州、郡之下，是第三级行政单位，相当于中国的乡镇。但为统一古代及现代的名称，译文仍采用"市"这一称谓。

他穿着各色布料拼凑成的上衣，因此被叫作"花衣男"（Bundting）。男子自称是捕鼠人，承诺只要市民付一定的钱，他就清除市区的老鼠。市民和他达成协议，承诺支付一定的报酬。于是，捕鼠人拿出一只笛子，吹了起来。不过一会儿，老鼠从所有房子中跑出来，围在男子周围。等到觉得一只都没剩下时，男子（从市区）出去，成群的老鼠也跟在后面。他就这样把老鼠带到了威悉河，自己卷起衣服走入水中。老鼠也都跟着他，淹死在了河里。

人们摆脱鼠害后，后悔承诺了报酬，用各种各样的借口拒绝支付。男子非常愤怒，离开了市区。6月26日，即圣约翰和圣保罗日的早上——另有说法是中午——男子再次出现在哈默尔恩市区。这次，他打扮成猎人的样子，面容恐怖，戴着奇怪的红色帽子，在街道上吹起了笛子。这次不是老鼠，而是一大群四岁以上的男孩女孩迅速跑过来。市长已经长大的女儿也在其中。这群孩子跟在男子身后，走到山里就和他一起消失了。

一位小保姆抱着幼儿远远跟着，目睹了这一切。她立即回到市区，告诉了人们。孩子们的父母从各家门口一起跑出来，悲伤到心肝碎裂，四处寻找自己的孩子。母亲们发出悲痛的呼喊，哭倒在地。人们立刻向海陆各个地方派去使者，询问有没有孩子或者某些线索。但是，一切都是徒劳。共计130个孩子消失了。

据两三个人说，有两个孩子后来回来了，一个是盲人，一个是哑巴。盲人指不出地方，但能说出自己是怎么跟着乐手"吹笛人"走的。哑巴能够指出地方，但什么也说不出来。一名少年只穿着衬衫就跑出去，于是回来拿上衣，就幸免于难。因为他再想回去的时候，其他小孩已经消失在了山洞里。

孩子们走过的那条通向市镇大门的路，在18世纪中叶（或许今天也是）被叫作"无声街"（Bungelosenstrasse）。因为那里禁止跳舞以及演奏任何乐器。当婚礼队伍伴着音乐从教堂出来，走过这条小路时，乐手也必须停止演奏，肃静地通过。孩子们消失其中的那座哈默尔恩近郊的山丘，叫作科彭贝格，人们在山麓左右树立两座十字架形石碑。据两三人称，孩子们穿过山洞，出现在特兰西瓦尼亚（现在匈牙利东部山地）的地面上。

哈默尔恩的市民把这件事记在了城市登记簿里。据它可知，市民以孩子失踪的那天为起点来计算年月。根据塞弗里德的说法，城市登记簿中记载的不是6月26日，而是23日。市政厅上刻着下面的文字：

在基督诞生后的第1284年

从哈默尔恩市被带走的

在本市出生的 130 个孩子

被吹笛人诱导，消失在了科彭。

此外，新的市门刻有下面的拉丁文：

魔王（Magus）将 130 个孩子从市内 / 带走的
272 年后，此门建立。

1572 年，市长命人将这个故事画在教堂的窗户
上，并附上必要的题词，不过大部分都漫灭不清，无
法辨识。其中有一处还刻有纪念徽章。

以上便是《德国传说》中记载的《哈默尔恩的孩子》的
全文*。格林兄弟在后面附上多达 10 条参考文献，表明他们
并非只将此作为读物，而是要详细严谨地记录传说。

我们在过去那些绘本等书籍上读到的"吹笛人"故事
中，还有跛脚男孩的故事。这则故事去了哪里？朋友们都被
吹笛人带着前往快乐国度时，只有一个男孩被留下来，这种
悲伤此处并没有讲述吧？地上涌出清冽的泉水，树上挂着饱

---

* 据原文译出，与格林兄弟的德语原文有微小出入。

凯特·格林纳威（Kate Greenaway）为勃朗宁《哈默尔恩的花衣魔笛手》（1910）一书绘制的插画

满的水果，蜜蜂没有刺，马长着老鹰的翅膀。*故事中应该表达了没能前往如此国度的男孩的悲伤。

所有的传说故事都会随着时间流逝发生巨大变化，这则传说亦然。我们小时候读到、听到的"吹笛人"的故事，主要来自勃朗宁的剧本。他在19世纪中叶张开想象的翅膀，

---

* 此处作者所说的内容出自罗伯特·勃朗宁的诗歌，见《哈默尔恩的花衣魔笛手》（*The Pied Piper of Hamelin*）第13节。

在诗人的幻想世界中将这则传说改写成"给男孩女孩的故事"。就像格林兄弟记录了几种不同说法一样,这则故事在他们编辑之前就已经有了各种版本。

这些变型的版本,大多都源自无意识之中以不同形式流传着的庶民隐藏的愿望或想法。关于这种传说变化的过程将在第二部分详细介绍,在此我们先看一下在 19 世纪初格林兄弟收集故事的这个阶段,以上述形式流传下来的"吹笛人传说"是什么时候、在什么样的情况下开始形成传说的。

传说(Sage)与神怪故事、童话不一样,它最初是以某个历史事实为核心而形成、变化的故事,特别是这则"吹笛人与 130 个孩子失踪的传说",带着让人完全无法相信是虚构作品的紧张感,在人们记忆中留下了深刻的印记。

捕鼠人母题的出现

我们现在通过格林兄弟知道的"吹笛人"或"捕鼠人"传说的整个母题,在 1650 年于罗马出版的《普遍音乐》中已经有了近乎完整的形态。这本书的作者是维尔茨堡的自然科学家阿塔纳修斯·基歇尔(1601—1680)。

格林兄弟几乎没有记载市区的鼠灾,但是基歇尔详细地记录了在 1200 年左右,哈默尔恩市区老鼠突然繁殖增多,几乎没有未被老鼠啃坏的东西,庄稼、果树都遭到破坏,市民手足无措。他还记载了那里出现了一位打扮奇特的男子,在市民约定支付报酬后，吹起笛子消灭老鼠，以及市民拒绝支付报酬后，愤怒的男子拐走孩子并消失了等内容，这与格林兄弟的文章完全一样。不过，男子聚集孩子时用的是和消灭老鼠时不一样的笛子，哈默尔恩城外的威悉河河畔有容得下驷马大小的洞穴，打扮成猎人模样的男子把孩子诱骗到那里去，这些内容与格林兄弟的版本不同。而且，受时代影响，基歇尔认为这个"吹笛人"肯定是接受了神的秘密使命，把孩子转移到别处的恶魔。编年史上也记载了大约在同一时间，在特兰西瓦尼亚突然出现了一群说着陌生外国语言的孩子。

这样，基歇尔的书中拥有格林兄弟版本的全部母题，因此在这则传说的形成过程中占有重要位置。不过我们再追溯，就遇见了在其演变历史中占主要地位的两份史料。一份是被认为成书于1565年左右的《席莫伯爵编年史》，另一份是1566年在巴塞尔出版的约翰·韦耶（1515—1588）的《关于恶魔的幻术、咒语及魔药》。

《席莫伯爵编年史》由在博登湖北边的梅斯基希写成，记载了1538年当地老鼠成灾，后来被流浪的冒险者（Abenteuer）赶走，以及1557年施旺高也出现了同样的鼠灾。在这两条记载之间，他记录了"哈默尔恩的捕鼠人传说"。在此，除了老鼠不是被带到了威悉河，而是被带到山上以外，其内容和后来传说中的母题本质上没有任何区别。

但是，这部编年史在"吹笛人传说"的形成史上具有决定性意义。之所以这么说，是因为它最先把"捕鼠人"和哈默尔恩的孩子失踪事件结合在一起，而且故事的主线已经和格林兄弟的版本不差分毫。1565年以前，"哈默尔恩的吹笛人传说"中完全看不到老鼠的母题，只是叙述了130个孩子的失踪。而且，这则记载也让我们知道，此时哈默尔恩市的传说已经传到了德国最南端。

伊拉斯谟的弟子、被墨兰顿称赞学识极其丰富的约翰·韦耶，是莱茵河沿岸的于利希-克里维斯-贝格的医生。他从人文主义精神出发，勇敢地批判当时的女巫审判。其著作被认为挑起了对女巫审判的最初论战，即便有皇帝的推荐（保护令）也仍然被罗马教廷列入禁书名单。韦耶列举了从亚当夏娃时代一直到当时的恶魔的诡计，其中就举了哈默尔恩的传说。韦耶相信恶魔存在。他记录到，事件发生在1284年6月26日，是现在可以确认的正确日期，穿着各色布料拼凑成的衣服的吹笛人，把130个孩子带到科彭附近消失不见了。他在故事开头描述吹笛人对市镇出尔反尔的报复，在传说形成史上提供了新的母题。而且，一个孩子为了穿衣服而回家，结果被落下来的内容，也是在此首次出现。

此外，该书第4版（1577）描述孩子的失踪发生在早上7点左右，孩子消失在洞穴中，而且和无声街的关联也首次出现。在写作第4版时，韦耶亲自去到哈默尔恩，亲眼看了据说是孩子消失的洞穴。他的结论是："这大概是吹笛子的吸血鬼干的吧。"

上溯到这两份史料以前，捕鼠人的母题和吹笛人导致孩子失踪这一传说完全分成两个方向。两个母题在 16 世纪中叶最终融合，创造出当前传说的原型。因此，我们首先以"吹笛人诱惑孩子"这一母题为主来追溯吧。这样，我们就进入了记载孩子失踪的直接证据，也即中世纪史料的领域。

找寻最早的史料

记载孩子失踪的最早记录，是现在哈默尔恩集市教堂的玻璃彩绘。这座教堂是哈默尔恩最老的教堂，最初是商人群体的堂区，在 12 世纪后叶已经建成拥有三个中殿的巴西利卡 *、方形祭坛部分及外延部分的教堂。它在 1300 年左右经过大规模改建后一直存在，直至 1945 年在空袭中被毁。该教堂东边窗户在 1300 年左右改建时，安装绘有以"吹笛人和孩子失踪"为母题的花窗玻璃（高 6 米，宽 3 米）。彩绘也附有说明文字。

1572 年，当时的哈默尔恩市市长弗里德里希·波彭迪克令人修复这幅彩绘，1660 年，它被另外的彩绘替换掉了。不过，哈默尔恩的拉丁语学校校长塞缪尔·埃里希在此之前

---

* 巴西利卡本来是古罗马的一种公共建筑形式，平面呈长方形，外侧有一圈柱廊，采用条形拱券作屋顶，后被改造为教堂建筑的样式。

哈默尔恩的集市教堂。左侧拱形窗户上嵌有
描绘这则传说的花窗玻璃（1938 年拍摄）

看过原画，并在 1654 年书写下碑文，并重新记入自己的著
作《从哈默尔恩离开》（1654）。其文字因为年月漫长，很多
部分无法辨别。

　　只靠这个完全无法释读上面的内容，不过这份玻璃彩绘
的碑文在 16 世纪已经被很多史料、碑文集收录。哈默尔恩
的地方史学家汉斯·多伯廷的解读如下：

Am DageIoannis/Et Pauli CXXX/Sint Binnen/
Hammelen Ge/FarenTHo/Kalvarieunde/DorchGeled
in/AllerleiGefar/Gen Koppen Fur/Bracht undeVerlon

硬译的话，这段话的意思是"圣约翰和圣保罗日（即6月26日），在哈默尔恩市内，130人跟在带领者身后，冒着许多危险，前往卡尔瓦略山的方向（即东方），到达科彭，在那里消失了"。

当然，根据释读者的见解，这种残缺碑文的释读中，已经加入了许多个人理解。多伯廷在此就把数个之后要介绍的见解加入释读之中。不过，这里先不讨论，不清楚的地方暂时这样放下，我们先进入下一份史料。

记录孩子失踪的第二份史料，是1384年左右在哈默尔恩的弥撒书《热情》的题名页上用红笔写的拉丁文韵脚诗。这本弥撒书后来失传，但在1761年，哈默尔恩牧师赫尔在《哈默尔恩市市史集成》中依照原书转录了这首韵脚诗。该诗也仅见他的记载，有些部分意思不通，不过多伯廷将其还原，接近原型，即下文内容：

> 1284年，这一年是男孩和女孩消失的年份，是130个值得疼爱的哈默尔恩孩子在"圣约翰和圣保罗日"被天意夺走的那一年。人们说，卡尔瓦略把孩子们活生生地吞掉。我父啊，请保佑罪人不再遭此不幸。

1284 年，于"圣约翰和圣保罗日"进入卡尔瓦略山的 130 个孩子失踪。

第三份中世纪史料，是历经坎坷、在 1936 年再次被发现的吕讷堡手抄本。这份手抄本是 1719 年莱布尼茨的助手丹尼尔·艾伯哈德·巴林在看《不伦瑞克编年史》的校注时，在吕讷堡的档案馆里发现的。如后文所述，莱布尼茨也看过，但此后它就沉睡在那里，不为人知。它写在明登地区修士海因里希·冯·黑尔福德（？—1370）的《金锁》手稿的最后一页，因此被认为是在 1430—1450 年完成的。全文如下：

我们来讲一个完全不可思议的奇迹。那是在明登教区的哈默尔恩市，事情发生于基督诞生后第 1284 年，正好是"圣约翰和圣保罗日"。看起来 30 岁左右的年轻男子穿过大桥，从威悉福特进入市区。这位男子穿着极其高级的服装，美到众人皆叹。男子拿出形状奇特的银笛，在市区吹响。于是，听见笛声的孩子，大概有 130 个，都跟着他，穿过东门走到卡尔瓦略或行刑场附近，在那里消失不见了。孩子们去了哪里？有没有剩下的？谁都不清楚。孩子们的父母在镇上跑来跑去（寻找孩子，但是）什么都没有找到。

于是，"在拉玛听见号啕大哭的声音"（《马太福音》2 : 18），母亲们想起儿子都哭了起来。就像用基督诞生后第 1 年、第 2 年，某个纪念日之后的第 1 年、第 2 年这样的方式纪年，哈默尔恩用孩子们失踪之日起的第 1 年、第 2 年、第 3 年的方法纪年。我在一本古书上看到这件事。院长约翰内斯·德·路德的母亲目击了小孩离开。

同样在小城镇哈默尔恩，1347 年 7 月 24 日也发生了下面这种事：有一条排水沟长期由铁条水门关着。这扇门（年久失修）落进了排水沟里。一个小孩掉了下去，有兄弟三人为救他而下去，但都窒息而死。人们说，这条排水沟里有龙或者巴西利斯克（用眼神杀死人的蛇怪）。不过，正确的看法应该是因为排水沟内长时间封闭的空气变质了吧。

以上三处，就是有关"吹笛人造成孩子失踪"的全部中世纪史料。1500 年以后的史料全部都是二手资料，受到文艺复兴、人文主义、宗教改革等时代状况的决定性影响，因此探索这个传说的原型就必须要直面上述三份史料了。

相比于前文已经看到的这则传说的继承者所讲述的内容，即 16 世纪以后的韦耶、基歇尔等一直到格林兄弟、勃朗宁的文本，上述中世纪史料的根本性不同是，这些史料全都是毫无修饰味道的事实报告，没有包含某种超自然的要素。传说这一事物，越接近构成其开端的历史性事件，就越显露出单纯朴素的形式，在此意义上，现在的这些中世纪史料可以看作这一传说的最早记载。因此，我们首先必须要确认这些史料中可被认为接近历史事实的要素。

失踪的时间、人数、地点

作为这三份史料中共通的要素，我们首先可以举出的是事件的时间。因为从这些史料上基本可以推断出，在 1284 年圣约翰和圣保罗日，即 6 月 26 日发生了某件事是历史事实。

哈默尔恩市的法典收录了一份日期为 1351 年 4 月 4 日的文书，记录了市议会将市内新市场的某间房屋出售给阿梅隆斯伯恩修道院，其结尾加了这样的话："……通过我们的公证人约翰·托莱曼之手给予。基督诞生后第 1351 年。在孩子们失踪……283 年后。圣安波罗修日。"结尾处"孩子们失踪……283 年后"（ *post exitum puerorum……cc. lxxxiii* ）这部分怎么看都应该像多伯廷说的那样，解读为"*post exitum puerorum (anni M.)cc. lxxxiii*"，即"孩子们失踪的 [1] 283 年后"。不过，这样仍然差了一年。编纂《哈默尔恩市档案集》的奥托·梅纳尔杜斯正是将"孩子们失踪"后面的数字看作一位 16 世纪作者添加的内容，将其从史料集中删除，并留下注记。对此，多伯廷予以反驳，认为这部分文字是 14 世纪的内容。他在看到保存于哈默尔恩市档案馆的这份法律文书原本后，认为其字迹也出于托莱曼之手，不过我们无从判断。但是，考虑到其他各种因素，1284 年 6 月 26 日这一日期也无法更改吧。多伯廷对此也没有异议。

接下来，关于失踪者的名称及人数又是如何呢？中世纪史料自然都用拉丁文记载，拉丁文的"pueri"（孩子）和"130"这个数字也应该是确定的。当然，关于这一点也有异议。如同"五陵少年"一样，德国也有"市少年"（Stadtkind）一词，可以用来形容大人，之后我们也会看到多伯廷提出了不同的看法（并非孩子而是成人）。不过，不拘于学术观点而只看史料的话，必须要坦率地接受多份史料证明的"130个孩子"的说法。

这样，上述中世纪史料可以证实，"1284 年 6 月 26 日，哈默尔恩的 130 个孩子在卡尔瓦略附近失踪"这件事正是现实中发生的历史事实。

不过，如此确认构成传说核心的历史事实时，我们难免会注意到这三份中世纪史料虽然文笔朴实，内容无修饰，因而带有一种事实报告的价值，但它缺乏关键部分。这些史料没有告诉我们这 130 个孩子为什么会失踪。对于这些史料的记录者来说，孩子失踪的原因已经成谜，也正因如此，他们才留下了这些记载。于是，我们知道，这些时间上最靠近成为当前传说源头的历史事件的史料，都是在传说的迷雾中写成。因此，接下来我们终于要着手极其困难的工作：探索对留下这些记录的人来说已经成谜的事件全貌，弄清楚传说之雾背后的东西。

第二章　1284 年 6 月 26 日的事情

假说纷纭

关于"130 个孩子失踪"的原因，此前在德国甚至其他国家有长时间的持续研究。如果不大体了解一下欧洲地区将近四百年的研究史，我们就没有资格讨论这则传说的历史背景。沃尔夫冈·维恩将过去的假说分成 25 种论断。首先我们看一下这些分类：

1. 舞蹈症　1590/1604（约翰内斯·莱兹纳）

2. 移民到特兰西瓦尼亚　1622（论者不详。沃尔夫冈批注到，这与其说是对事实的解释，不如说是进入传说之中的观点）

3. 儿童十字军　1654（塞缪尔·埃里希）

4. 1457 年或 1462 年前往诺曼底的圣米迦勒巡礼　1654（同上）

5. 被野兽咬死　1654（同上）

6. 单纯的虚构故事　1654（塞巴斯蒂安·斯皮尔克）

7. 作为犹太教仪式的祭品而被杀掉　1659/1662（马丁·肖克）

8. 被关到地下的某种监狱里　1659/1662（同上）

9. 1285年跟随假的腓特烈二世*（比如提勒·克鲁普）走了　1659/1662（同上）

10. 在东门前面的比赛中丧命 1659/1662（同上）

11. 从悬崖上落入水中溺亡　1659/1662（同上）

12. 遭遇地震引发的山体滑坡而遇难　1659/1662（同上）

13. 被修士诱拐到修道院　1690（弗朗西斯·沃格）

14. 和狂热的鞭打苦行信徒一起消失了　1690（同上）

15. 被一伙盗贼拐走了　1690（同上）

16. 因某种不知道的目的而被招募走了　1705（论者不详）

17. 在1260年的泽德门德之战中战死　1741（约阿西姆·康拉德·雷格）

18. 被招募为新兵　1788（约翰·弗里德里希·穆勒）

19. 作为碎石实习工被送到波西米亚或特兰西瓦尼亚 1834（论者不详）

---

* 腓特烈二世（1194—1250）是神圣罗马帝国皇帝，在突然去世后，有传言说他没有死，而是隐居在埃特纳山。这一传说促使德国出现了假腓特烈二世，并形成一种传说，认为他在基弗霍伊泽山（Kyffhäuser）沉睡，在世界末日时醒来。后文出现的提勒·克鲁普就假称自己是腓特烈二世。

20. 故事基础是妖怪传说　1845（哥廷根大学教授威廉·穆勒）

21. 为举办古基督教的仪式而杀人　1847（乔治·弗里德里希·道默）

22. 纯粹的神话母题　1875年（莫里茨·布施）

23. 传播到哈默尔恩的流浪传说　1880（M. 德里斯）

24. 源自骷髅之舞的描述　1905（R. 塞林格）

25. 类似鼠疫的瘟疫　许多人死亡　1905（同上）

除上述之外，还必须要加上维恩自己及多伯廷的新说、移民东德说、沃勒女士的遭难说。

这样概观过去，明显可知寻找原因本身和各个研究者所在的时代有关系。关于这一点会在第二部分分析，这里就不深入讨论。在上述多种多样的既有假说中，现在仍值得探讨的应该是1、2、3、9、11、12、17、24以及移民东德说。不过，为了分析这些多样假说，我们首先必须要具备足够有关该事件的舞台哈默尔恩市及其居民、当时的世界和社会的知识。而正是这个理所当然的观点，在至今为止对传说的研究中并没有怎么被重视。

过去的传说研究，大多都在民俗学的框架下进行，极少有人将此事件放入与时间的推移、构成其时代背景的城市诸状况的关系中评价，况且很多时候，他们的研究中兴趣本位的因素很强，或者说那是由"孩子们去了哪里"这样的解密式兴趣支撑的研究。

孩子们去了哪里是理所当然的问题，也是值得探索的课题，但是，若从本书序言里所说的志趣出发，为什么孩子们必须要走、为什么孩子们的失踪成为如此著名的传说反而是更应该关注的问题吧？这样的话，我们反而必须要在当时哈默尔恩市内的各种状况中寻找原因了。

吕讷堡抄本的可信性

从这种观点出发，为了分析并评价上述假说，我想在这里再次回到中世纪史料中内容最丰富的吕讷堡抄本，找出破解此事必不可少的几个内容，依次探讨它们。

首先，在整体内容方面，用今天的话来说，作者可说有着令人惊讶的清醒头脑。在前半部分记载哈默尔恩市儿童失踪的笔调中虽然也可以看到这一点，但是人们不太注意的后半部分对于排水沟的记载则更是极其科学。

当时的人们认为那条排水沟里有龙或者巴西利斯克，以此解释非自然死亡的原因。这种观点在那个时代并非什么不可思议的事情。那时很多教养应该很高的神职人员同样这样想，被"不可思议的事情"吓得心惊胆战的记录随处可见。然而，这份抄本的作者并不相信迷信，而是确定、自然地说出，按照现代的说法大概是一氧化碳中毒或者氧气不足造成的死亡。

从作者清醒的态度来看，我们可以认为，在记录1430—

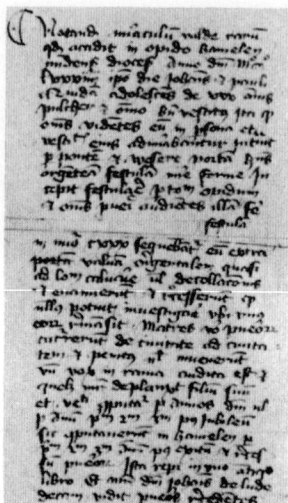

《吕讷堡抄本》片段

1450年左右哈默尔恩市居民如何理解"孩子失踪"等事情的前半部分上，作者也相当正确地再现了当时人们的印象。

这份内容丰富的史料在中世纪史料之中也可谓独一无二。为了在其内容中探索只有通过历史的滤镜才会显现出的事件实体，我们必须要了解这份抄本中出现的每一个人、每一件事情，以及从1284年到被认为是抄本成书的1430—1450年之间的变化和当时社会的实际状况。为此，首先作为探索对象的就是（1）哈默尔恩这座城市本身。

这座城市在1284年左右是什么样的状态，又有什么样

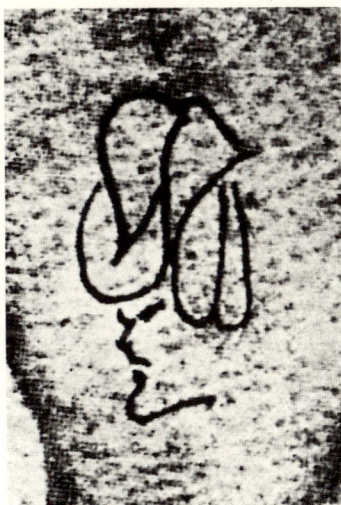

被认为是最古老的吹笛人素描图（中世纪手抄本封面处的题签）

的问题呢？到 1430—1450 年左右，又发生了什么样的变化？作为前提，这些问题必须要弄清楚。接下来的问题是（2）事件的主人公之一，即 130 个孩子。但无须多言的是，考察 1284 年这个时点的中世纪城市中的儿童生活，从史料上来看接近于不可能。因此，这个问题必须要和研究寻找孩子的父母合二为一。换句话说，就是哈默尔恩市市民阶层的问题。哈默尔恩的市民在 1284 年左右是什么样的状态，他们在 1430—1450 年左右又出现了什么样的变化？我们必须了解哪怕是大概的情况。（3）最后的问题是事件的另一位主人公"吹笛人"。"吹笛人"究竟是什么人？为什么他在这份抄本中能作为事件的主人公？我们也必须在时间的推移中回答，吹笛人与哈默尔恩市及其居民、还有他们的孩子之间的关系处于什么样的状态。

在回答这些问题的过程中，我也会介绍迄今为止西欧地区值得讨论的假说（原因），并发表我的看法。此外，无须多言，上述城市、市民、吹笛人诸问题自然会被作为哈默尔恩市的问题来研究，但我并不是孤立地处理哈默尔恩市一个地方，而一定是在它所在的整个欧洲的位置之中处理上述三个问题。

如此，探索这一传说才首次超越单纯解密式乐趣，能够成为触及欧洲社会史的一个突破口。

哈默尔恩市的成立过程

哈默尔恩市究竟在哪里呢？德国大体上有四条大河。靠近德法边境的莱茵河、穿过德奥边境的多瑙河、位于北部及原东德境内的易北河，以及贯穿德国中部汇入北海的威悉河。威悉河起自德国南部，由威拉河与富尔达河在汉恩明登交汇形成，之后经明登，穿过汉萨同盟城市不来梅进入北海。不来梅因"不来梅的城市乐师"而为人所知，被认为握着通向世界之门的钥匙。

明登与汉恩明登之间的一段，就是所谓威悉高地的明

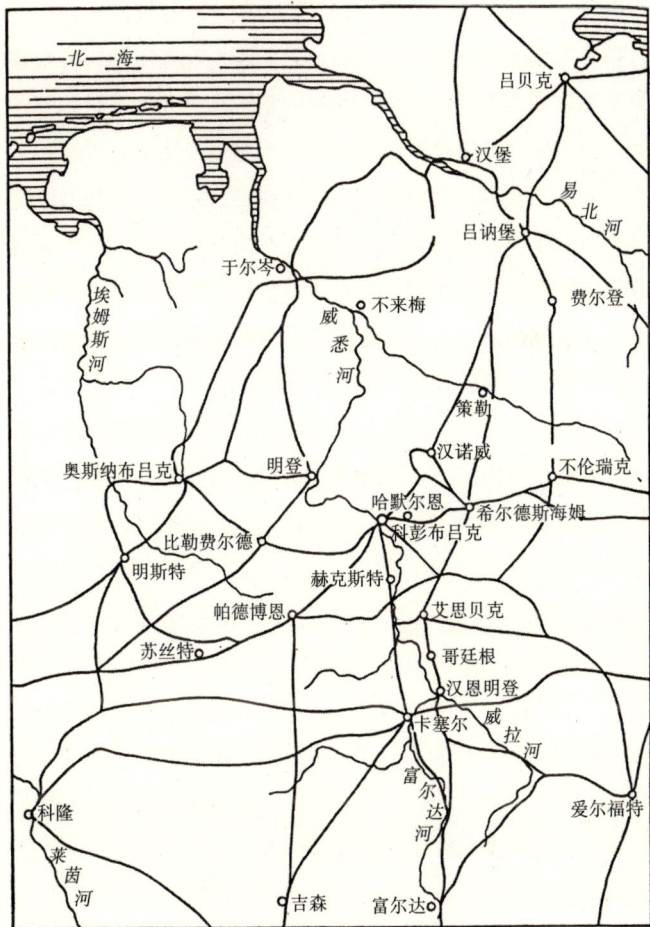

北海

吕贝克

汉堡

易北河

吕讷堡

于尔岑

费尔登

不来梅

威悉河

策勒

汉诺威

不伦瑞克

埃姆斯河

奥斯纳布吕克

明登

哈默尔恩

希尔德斯海姆

科彭布吕克

比勒费尔德

明斯特

赫克斯特

帕德博恩

艾思贝克

苏丝特

哥廷根

汉恩明登

威拉河

卡塞尔

爱尔福特

科隆

莱茵河

富尔达河

吉森

富尔达

中世纪时期围绕哈默尔恩市的通商路线

朗平静的流域，此段河流宽阔，流速松缓。夏天的时候，人们乘坐游览船、皮艇等享受游河的乐趣，观光用的自行车道和穿过森林的汽车道在岸边蜿蜒向前，林荫处则有别致的餐厅。这里现在也还是不太受文明尘埃覆盖的地区。附近的土地并不算很肥沃，因此没有大型村落或城市。17世纪法国的胡格诺派为躲避迫害，来到此处并建立小村庄，以虔诚的高茨特奥依（"对神的诚实"）为村名，并培育出与之相符的当地安静的氛围。因为现在依然是这种状态，可以说在八九世纪时这里基本没有值得注意的事物。

在这一地区，威悉河上游的富尔达修道院很早就传播基督教。它在哈默尔河汇入威悉河的地方，即从明登前往希尔德斯海姆、帕德博恩、汉诺威的古代道路交汇要冲建造前哨基地。这可以算作哈默尔恩市前身的圣波尼法爵教区修道院 * 的开端。780年左右，这座修道院连同它的控制区域提里威高一同并入明登主教区，从富尔达修道院的宗教管辖中脱离。

于是，哈默尔恩这处修道院中的神职人员就被纳入明登主教的管辖之下，富尔达修道院除了财政权力外，只保留了任命圣波尼法爵教区修道院院长的权力（这一权力在13世

---

* 富尔达的修道院在德语中是 Kloster，即英语中的 Abbey，而圣波尼法爵修道院是 Stift，指一种捐献给特定宗教目的的修道院。这种修道院因发起人不同、所属不同而性质不同。本书中，因其后来一直归明登主教区管辖，故译作教区修道院。它就是现在哈默尔恩的圣波尼法爵教堂。

纪也失去了）。这种宗教管辖范围的区划问题很麻烦，但它和我们的传说有着难以切断的关系，因此我们至少需要记住上述内容。根据 10 世纪左右的名册，哈默尔恩的圣波尼法爵教区修道院有 11 位修士牧师，以及许多学生，其姓名带有日耳曼风格。

因为获得萨克森家族的伯恩哈德的众多捐赠，富尔达修道院在哈默尔恩周边也拥有广阔土地。在 9 世纪的史料中，至少可以看到它集中为 7 处赋役农庄的 111 处农庄。其中一处位于哈默尔恩。此外，它在哈默尔恩还有 60 名佃农、3 座教堂、5 座水车。不久，这些都被纳入圣波尼法爵教区修道院。

这样，从 9 世纪到 13 世纪，富尔达修道院只勉强保留了院长任命权、货币铸造权、关税权、保护权等。在此我们也可以看到以富尔达修道院为中心的大庄园领主制，也即所谓的古典庄园制的解体现象。

那么，这座教区修道院如何变成了哈默尔恩市呢？

一条横穿德国，从莱茵河经希尔德斯海姆到达易北河的军事道路经过这里，哈默尔恩市便沿着它建设。现在哈默尔恩市附近跨越威悉河的桥，早在法兰克王国时代就有了，其周围还设有农奴村落以维修大桥。据说建造这座桥的木材是从周边 38 个村庄征用来的。古代的商人也利用这座桥，在大桥一旁向地主出售弗里斯兰出产的布匹等。1277 年的史料中还提及古代样式的大桥，不过在 1390 年已经成为石桥

圣伯尼法爵教区修道院的印章

了。从这些事实中应该也可以推断出，位于东西交通要地的这座大桥的重要性。

　　10 世纪后半期，富尔达修道院从国王那里获赐哈默尔恩市场主权*的特许令。从此，修道院可以铸造货币、向经过的船只收取关税、向前往集市的人征收集市税，也可以行使警察权维护市场秩序。向斯拉夫民族传播基督教，并在 1170 年左右去世的传教士赫尔默德称这座城市为当时的"*villa publicaquverunhamela*"（音译），意思是"拥有水车的固定集市处"。1235 年首次出现的哈默尔恩市的徽章

---

*　Hoheitsrecht，亦作"高权""统治权"。市场主权包括开市权、造币权等。后文亦有"审判主权"。

（Wappen）中也有水车图案，从这一点能够想象，这座城市的经济在很大程度上依赖使用水车的磨粉业。后来，供水车使用的石磨盘甚至作为哈默尔恩市的特色商品出售。回忆一下我们小时候读的绘本中的水磨坊吧。骨碌骨碌缓缓转动的水磨坊里，巨大的轴或横或竖地慢慢转动，捣杵发出咚咚的沉闷声音。地板、柱子等表面全都是面粉，老鼠睁着发着光的眼睛从墙上的洞里或天花板后窥视。水磨坊和老鼠是难分难舍的搭配。

在中世纪，鼠害出现在所有地方的谷仓，是人们烦恼的种子。在这一点上，我们看到16世纪"捕鼠人传说"在哈默尔恩也具有很大意义的一个根源。

总之，如前文所述，在军事道路上修建的大桥周围的土地，成为最初的固定市场，有了人居住。教区修道院握有这里的统治权，因此定居者必须要向教区修道院缴纳住宅地税。

为了在地处交通要冲的市场中寻求各种赚钱机会，移民涌入，但是城市并非仅仅因此就能出现。德国中世纪的城市无一例外地由城墙包围，拥有以教堂、市场、市镇大厅为中心的空间秩序。这种都市样貌大部分都是基于整齐的规划建造，并非一点点形成。那么，哈默尔恩存留至今的原始市容，是什么时候、由谁规划建设的呢？

世界各地都是一样的。城市通常都是由大商人、骑士、大地主等进行建设，哈默尔恩也不例外。成为哈默尔恩市建

哈默尔恩的水车房

设核心的是埃弗斯坦伯爵阿尔伯特。12 世纪初期，他已经从富尔达修道院获得了圣波尼法爵教区修道院的监护[*]一职，将此作为自己的封地。监护本来是以保护没有武装的修道院为名设立，现实中指的是为保卫富尔达修道院的世俗利益，而受托享有哈默尔恩裁判主权的人。

哈默尔恩市档案集在 1185—1202 年首次出现了 *cīvitās Hameln*（哈默尔恩市）这一名称，由此可以看出，大约在

---

[*] 原文为 Vogtei。Vogt 指负责军事保护及司法审判的代理官员，而 Vogtei 指享有该权力的地区，但亦有混用，以 Vogtei 一词代表"监护官""监护权""辖区"等。

12世纪末，城市建设的主体部分已经完成。圣尼古拉斯被当成保护城市教堂的圣人，也表明该市大约是这一时期建设的。尼古拉斯以圣诞老人之名，在日本都广为人知。1087年，他的遗骸被从小亚细亚的米拉移至意大利的巴里，而在德国受到尊崇是此后数十年的事情了。

这样，在以埃弗斯坦伯爵为中心的商人、地主的合作之下，人们完成了最初的城市规划，但是他们如何建造城市呢？

11、12世纪，随着皮雷纳所谓的"商业的复活"，欧洲北部簇生出许多城市。今天我们能够造访的德国城市，也几乎都是在这个时代出现的。前文提到，这种"商业的复活"的先驱是弗里斯兰的商人。哈默尔恩市的建设也是当时整个欧洲风行的城市建设的一环，但是从它很晚才加入这一行列来看，我们无法无视该地区的独特之处。

当时，萨克森地区权力最大的人是韦尔夫家族的狮子亨利，但皇帝红胡子腓特烈一世在12世纪末打败了他。为了打败拥有莫大权力基础的亨利，腓特烈一世必须要向诸侯约定到时候分配他的领地。结果，狮子亨利失败后，小贵族、领主在整个下萨克森地区为获得独立统治领域而努力争斗，互相之间不断攻伐。与红胡子腓特烈一世关系密切的埃弗斯坦家族也加入这一战列。

穿过既存统治圈的网眼，建立新的统治领域并不容易。哈默尔恩市的建设一开始就受到富尔达修道院院长的阻碍。因为他担心城市成立以后，佃农会迁往新的城市，自己的收

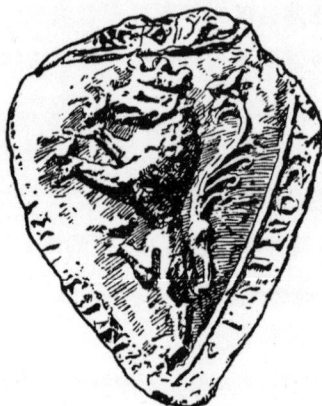

埃弗斯坦伯爵的纹章

入会减少。但是，只要富尔达修道院能保留市场权等权利，这种经济性的损失应该足够被抵消，因此富尔达担心的或许是城市成立后会使它失去圣波尼法爵教区修道院及其统治区域、收入等一切利益。这一担心是有根据的。

12世纪末，哈默尔恩这处教区修道院的修士会议已经开始形成新的习惯做法，不再由富尔达任命院长，而是自己选举，并由富尔达修道院院长认可。于是，埃弗斯坦家族帮助教区修道院努力从富尔达修道院独立出来，此后的教区修道院院长常常出自埃弗斯坦家族，而富尔达修道院无法拒绝。

这样，埃弗斯坦家族将教区修道院和市民拉入自己一方，富尔达修道院也以保持名义上的上级统治权的形式同意，城市则不断得到建设。不管怎么说，过去的掌权者富尔达修道院实质上已经退出了历史主舞台。1243 年，城市和教区修道院之间签订协议。市议会承认教区修道院对过去前往威悉桥的道路，以及教区修道院教堂周围的土地的所有权，教区修道院则承认与监护官厅并列的两三块住宅地受城市法律管理。此外，大礼拜堂周边的区域是教区修道院享有豁免权（不允许其他权力介入）的领地，不受城市赋税和裁判权管理。城市和教区修道院之间明确划分领域，同时，城市的中心也从过去的地点移向北部的奥斯特街。于是，1200—1250 年之间，现在我们能够看到的哈默尔恩市的轮廓形成了。

那么，我们也一边留意着与"吹笛人传说"相关的诸多遗迹，一边到这个小城悠闲地走走看看吧。

在哈默尔恩市内散步

前往哈默尔恩有许多方式，我们现在去杜塞尔多夫站搭乘上午 9 点 19 分的快速列车出发，12 点 24 分在阿尔滕贝肯下车，在此等待 20 分钟后，转乘前往汉诺威的列车，13 点 35 分钟就能到达哈默尔恩。如果驾车，沿着威悉河岸前去大概是风景最好的方式。过了赫克斯特、霍尔茨明登，欣赏着木骨架白墙的房子正立面，之后跨过威悉河上的大桥，就

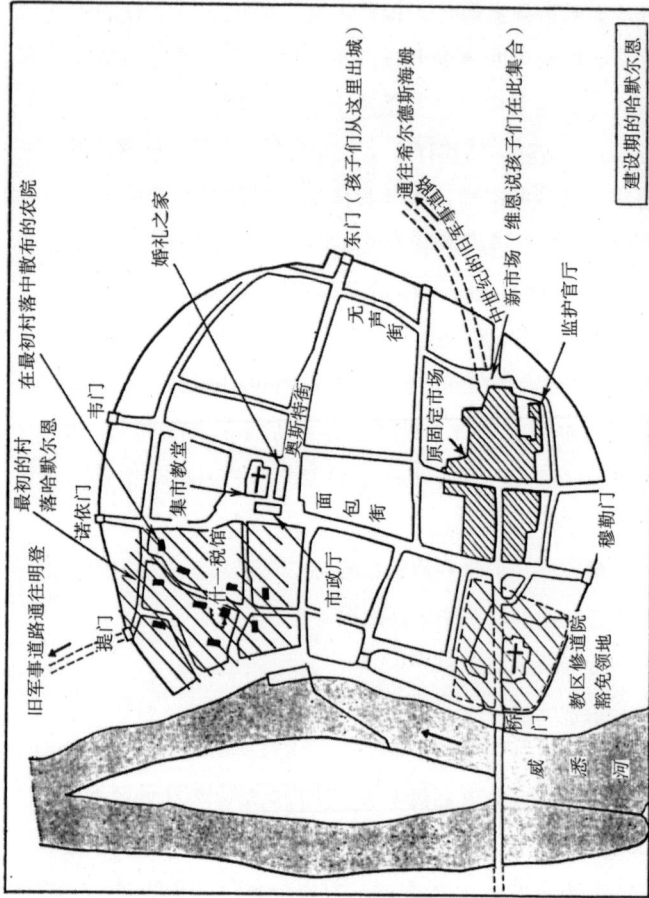

建设期哈默尔恩平面图（1633）

图中标注文字：

- 在最初村落中散布的农院
- 旧军事道路通往明登
- 最初的村落哈默尔恩
- 韦门
- 诺依门
- 什一税馆
- 提门
- 集市教堂
- 市政厅
- 婚礼之家
- 奥斯特街
- 面包街
- 无声街
- 东门（孩子们从这里出城）
- 通往希尔德斯海姆
- 新市场（维恩说孩子们在此集合）
- 中世纪的旧军事道路
- 监护官厅
- 原固定市场
- 穆勒门
- 教区修道院
- 豁免领地
- 所门
- 威悉河

建设期的哈默尔恩

到了哈默尔恩的教区修道院前面了。

它的正对面是桥门（市门）。1277年的史料首次提及大桥，不过当时这里自然需有市门，于是建造了桥门。这座大门一般被称作威悉门或者威悉福特，吕讷堡抄本中的吹笛人和我们一样，也是从这里进入城镇。跨过这座城门，正对面看到的泛黑建筑，是圣波尼法爵教区修道院，大礼拜堂高高耸立。这里藏有前文提到的第二份中世纪史料，即被视为1384年完成的弥撒书《热情》。这一带是教区修道院的控制区域，经过由大桥直接通向城镇的道路后，教区修道院背后那块区域就是古代的固定市场。哈默尔恩市还未建立时，这条道路是与希尔德斯海姆、马格德堡等直接连接的军事道路。

在要经过教区修道院的时候，我们在一条宽阔的十字路口左转。这条街被称作面包街，沿着它稍微走一段就到了市场。这里就是所谓的新市中心。在广场右手边可以看到一栋发黑的奇异建筑。它被称作"婚礼之家"，墙上刻有17世纪初期关于吹笛人与孩子的碑文，后文我们将讲述。它的东侧在第二次世界大战前是市政大厅，不过在战争中被毁，之后没有重建，就这样形成了中世纪时期没有的广场。

婚礼之家的正面装了露台，近来在此为游客演出"捕鼠人和孩子失踪"的短剧，每周日11点开始。哈默尔恩市镇的75名青少年登台表演，其中35人穿着当时孩子的服装，40人扮演老鼠。笔者观看的时候是吹笛人和老鼠排成队出

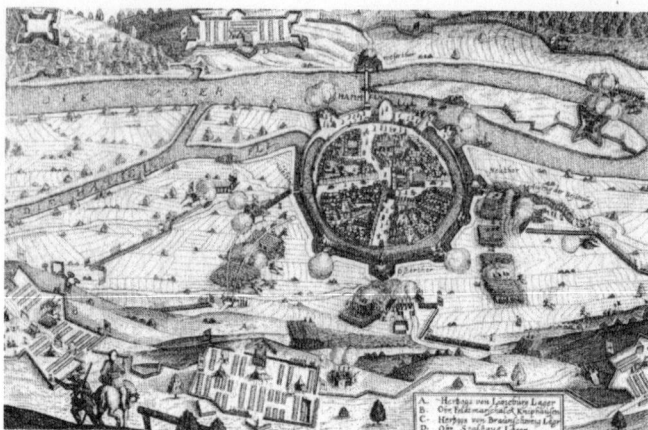

中世纪哈默尔恩鸟瞰图（1633 年）

面包街（1870 年左右）

去的场面。但是他们没有沿奥斯特街通过东门，而是围着城转了一圈。时间的流逝也改变了哈默尔恩人的意识，成为旅游资源的传说离开史实，以勃朗宁描述的情节回到城内。

婚礼之家的旁边是集市教堂（圣尼古拉教堂）。这座教堂是献给船员、啤酒酿造者的守护者圣尼古拉斯的，在 12 世纪前半期，其西侧的塔已经建成，该世纪后半期则建造了拥有三个中殿的巴西利卡以及外延部分。第一份中世纪史料中的彩绘玻璃就装在这里。这座教堂在 1945 的空袭中被毁坏，1959 年重建，稍微改变了一些样貌。我们面向市场向左走一小段，再左转，就遇到了什一税馆。在哈默尔恩市出现以前，这一带是农奴们的村落，建设市镇时他们的村子被圈入其中。因此，这附近的房子现在也非常狭窄，正立面宽度只有 5—7 米。住在这些房子里的人没有获得中世纪市民权之一的酿造权。这些小房子中间的道路也留有过去村道的样子，现在还是扭曲、不规则的细细弯路。什一税馆建于过去的庄园之上，现在成为市法院，但好像仍然是尘埃弥漫、残留有牛羊气味的地方。

我们再次回到市场，从婚礼之家折向右，沿着奥斯特街向东走。这条街左右两侧的房子富丽堂皇，令人目不暇接。在哈默尔恩，这处街区很珍贵，早在中世纪时就已经有很多间石造房子。它们是上层市民的住宅，正立面的宽度有 25—42 米，住户都拥有啤酒酿造权。我们一路直行穿过奥斯特街，在临近东门处向右拐进一条细长的道路，这就是

哈默尔恩街景——婚礼之家、集市教堂、捕鼠人之家并排的奥斯特街

捕鼠人之家与无声街
（1900 年以前）

无声街（这个名称在 1427 年首次出现），拐角处是"捕鼠人之家"。

这座建筑是 1602—1603 年建造的威悉文艺复兴风格的房子，西侧刻有描述"孩子们失踪"的碑文。孩子们就是从这里的东门出去的。那么，我们走进无声街吧。这条路向右曲折延伸，靠近桥门处的房子也很狭窄，一排排房子露出贫寒的样子。后文要讲到的维恩的理论，正是立足于这一区域居民的贫困生活。这样，我们就围着这座小城镇转了一圈，回到了出发点。而且，我们也大概把与这个传说相关的重要史料所在的场所看了一遍。

泽德门德之战和一种传说解释

那么，让我们再次回到 12、13 世纪的哈默尔恩。在既存的各种势力网络中建设一座城市并维持其运转并不容易。在霍亨斯陶芬王朝的红胡子腓特烈一世和韦尔夫家族的狮子亨利的斗争中，埃弗斯坦家族加入前者，在亨利垮台之后成功开始建设城市。小领主埃弗斯坦家族希望城市建设走上正轨后，配合商业的复兴，充分发挥此地的优势并增强经济实力，形成小的邦国。在此势头中，他们的面前还挡着几个大的势力。

哈默尔恩的教区修道院最初是作为富尔达修道院的派出机构而创立，但是不管怎么说，富尔达距此路途遥远，而且

韦尔夫家族的纹章

富尔达修道院对哈默尔恩周边土地的统治，也换成了农民、市民、贵族的缴租义务。哈默尔恩的教区修道院院长实质上也已经自选，并从本来应保卫富尔达修道院在此地利益的监护埃弗斯坦家族选出，于是富尔达修道院在哈默尔恩实际上已经没有很大势力了。1259 年，富尔达修道院仍然称呼哈默尔恩为"我们的城市"。然而，1256 年，监护明确表示，为了富尔达，不再将应征收的地租等收入送去。而且，1277 年，哈默尔恩市的教堂已经从教区修道院院长手中获得主权。因此，13 世纪后半叶，富尔达实际上已经失去哈默尔恩。

与此趋势正相反，1230—1260 年，埃弗斯坦家族在哈默尔恩市行使着几乎相当于邦国君主（Landesherr）的权力。当然，除了哈默尔恩，埃弗斯坦家族还在波勒、于尔岑、奥泽、贡德等地拥有城堡，与附近的洪堡家族、斯皮格伯格伯爵（参照后文中的多伯廷的假说）等家族竞争。

但是，这一时期还有一个远超这群小领主的巨大势力威胁着哈默尔恩。那就是在狮子亨利失败后暂处守势的不伦瑞克－吕讷堡公国的韦尔夫家族收复失地的攻势。韦尔夫家族已经建立了汉诺威王国，1200年左右又试图向威悉河沿岸扩张。于是，哈默尔恩的埃弗斯坦家族就成为其扩张的阻碍。一直到近代，韦尔夫家族的扩张都是决定哈默尔恩市命运的头等大事。对于虎视眈眈盯着哈默尔恩的韦尔夫家族来说，一个绝好的机会出现了。

1259年2月13日，富尔达修道院要把逐渐没有实质意义的哈默尔恩市，以500马克*白银的价格卖给明登主教区，并签订合同。如前文所见，哈默尔恩市位于明登主教区内，明登主教在教义、仪式等方面对哈默尔恩拥有管理权。在12、13世纪邦国统治体制确立的过程中，各主教区也不再仅仅是完成教会宗教职能的区域，而是试图形成一个世俗性的统治区域（Landesherrschaft，领地主权），因此明登主教自然而然地想着把哈默尔恩变成领地统治的对象，而不仅仅是宗教统治圈之下的一块地方。明登主教试图通过合并哈默

---

* 此处为中世纪质量单位，1马克等于249克。

尔恩，完全控制这一区域。

同年 6 月 23 日，富尔达修道院向科隆大主教报告了买卖协议的事情，请求大主教新授予各种特权。7 月 2 日，科隆大主教的信件抵达，认可明登主教成为埃弗斯坦家族和哈默尔恩市的新封主。对于后两者来说，这如同晴天霹雳，预先没有任何商量，只是告知结果，因此他们只好拒绝。

此后约一年间，关于此事的史料完全没有保存下来。1260 年 9 月 13 日，韦尔夫家族的阿尔布雷希特，以及约翰内斯·冯·不伦瑞克突然登场，向明登主教宣布他们拥有受封哈默尔恩一半的资格。这一年发生了什么事情？当时的史料中没有任何记载，不过根据 14、15 世纪不伦瑞克市的编年史，正是在这段时间出现了一件事，被视作我们的"130 个孩子失踪"故事的原因。

根据该史料，1260 年 7 月 28 日（圣潘捷列伊蒙日），明登主教向不准备接受买卖协议的哈默尔恩市和监护宣战，在泽德门德村附近与市民军激战。后者在战斗中遭遇毁灭性惨败，被俘的市民被送到明登，许多人被杀。主教以投降作为释放俘虏的条件，哈默尔恩市请求停战。市当局在此期间向韦尔夫家族的不伦瑞克公爵求救，于是就出现了前述结果。但是，我们无法相信埃弗斯坦家族会向韦尔夫家族求援，考虑到这部编年史是在韦尔夫家族统治哈默尔恩的背景下写成，也就更不能完全地相信它的记载。根据《哈默尔恩市史》的作者斯潘努斯的说法，市民、监护料想到了主教的

婚礼之家的墙上饰有"泽德门德之战"的纪念碑，作为对第一次大战战死者的纪念。有人认为这场战争产生了吹笛人传说

态度。富尔达修道院已经没有实现协议的力量，明登主教必须通过自己的武力夺得这里。

主教军从东侧接近哈默尔恩市。市民为了避免在市内作战而尝试迎击。于是，哈默尔恩的年轻人通过东门，沿着巴斯贝格（古代叫作"科彭"！！）和丢托之间通向戴斯特泼特的路前进。两军在途中荒废的泽德门德村发生激战，市民军遭遇后来甚至成为传说的毁灭性战败。哈默尔恩市为保卫自由，此时付出了极其巨大的流血牺牲，之后几百年中，教堂地下圣堂的镇魂弥撒中仍在纪念这种不幸。多么严重的疾病或者重大死亡也没有这样的待遇。

于是，斯潘努斯在1904年写《哈默尔恩市史》时，认为"130个孩子失踪"的原点正是这件事。而吹笛人是前页图中所示的站在年轻人前面的"喇叭手"。

这一假说由1734年的哈伦堡、1741年的雷格提出，《哈默尔恩市档案集》的编者梅纳尔杜斯也予以支持。在将近两百年的岁月中，它作为最有力的说法受到众人认可，而且也受到哈默尔恩市政府的支持。前页图片中展示的泽德门德之战的纪念碑，是哈默尔恩市政府为纪念这场第一次大战牺牲的市政府人员而令人雕刻，并装饰在婚礼之家的。

于是，"哈默尔恩的吹笛人和130个孩子失踪"的传说，就成为市镇的传说，被视作"为祖国战死者"的象征。如之后斯潘努斯所述，将泽德门德之战看作原因的根源，是德国解放战争*。相信这种假说的两百年，正是德国全力投入解放并统一祖国的战争时代。但是，这场战争和"孩子们失踪"之间约二十年的时间差很难填补，更重要的是，这场战争在14、15世纪的编年史中被清楚地记载，并没有可以和"吹笛人"或"捕鼠人"传说结合的根据。持这一主张的人均未能提出某些证据，但是在那样的时代背景下，它却可以得到普遍的承认和认可。

不过，暂且不论结果，上述学者试图在具体的历史性事件之中寻找破解"传说"的线索这一点，与此前的人们不

---

* 指1813—1815年德国反对拿破仑的法兰西第二帝国而寻求解放的战争。

同，展示出了传说研究的正确道路。

泽德门德之战之所以在 18、19 世纪被认为是"孩子们失踪"传说的原因，是因为与此战争相关的事情的记忆，在哈默尔恩市的历史上拥有决定性的分量，影响深及后世。因为此战以后，哈默尔恩市一直到 19 世纪，都只能作为韦尔夫家族统治圈内的邦国城市而存续。

1260 年 9 月 13 日的条约中，明登主教将从哈默尔恩市获得的一半收入，作为采邑委托给不伦瑞克公爵。这里没有涉及埃弗斯坦家族。1265 年 10 月 9 日的条约中则规定了明登主教、监护、市镇三方的权利，市镇认可主教是半个哈默尔恩市的封主，作为条件，他们获得在明登市控制的所有场所里的关税免除权。这对于哈默尔恩市的商业发展来说，是个很重要的条件。于是，尽管这一时期也可以认为明登与哈默尔恩为对抗不伦瑞克公爵而达成了合作，但是在这种错综复杂的权力斗争中，作为胜者而留下来的无疑是韦尔夫家族的不伦瑞克公爵。

1277 年，埃弗斯坦家族不得不将在哈默尔恩多年享有的监护职位卖给韦尔夫的阿尔布雷希特。此外，埃弗斯坦家族的主城及奥泽城堡也转交给韦尔夫家族，霍尔茨明登的城堡和市镇转给利珀家族。曾经实力强大的埃弗斯坦伯爵的领地就这样没落了。明登主教的统治，在韦尔夫家族的力量面前也仅仅作为一段插曲留下来。

1277 年 10 月 28 日，阿尔布雷希特一世在自己居住的艾恩贝克，承认了后述哈默尔恩市的特权。根据这个特许令，哈默尔恩成为以韦尔夫家族为邦国君主的邦国城市，作为回报，其确定的特权则得到承认。

这份特许令意味着哈默尔恩市首次获得了城市法，因此我们先从法制的侧面来观察一下13世纪后半期哈默尔恩市的状况。

"城市的空气使人自由"？

很多人都听过"城市的空气使人自由"（Stadtluft macht frei）这句谚语吧。中世纪城市的卫生状况恶劣，不管哪个城市，很少见到能延续三代的家庭。因此，中世纪各地城市的存续都依赖于人口流入，因而就必须要铺设好佃农从农村流入的道路。上述谚语的目的之一就在这里。1277年，哈默尔恩市首次将这句话收入城市法中，作为正规文件。这就是"在市内停留一年零六周后即获得自由"。

城市的自由，不仅意味着如此迁入的人们摆脱了此前控制其人格的农村领主，获得自由，也指城市内的各种生活不受邦国君主的恣意管理。因此，在给哈默尔恩的特许令中，不伦瑞克公爵也承诺不在城市内建造城堡、除40塔兰同*的自愿性租金以外不课征任何租金。邦国君主对城市的大部分

---

* 1塔兰同为20—40千克，此处40塔兰同是整个地区的税金。

权力，是通过其代理人监护之手施行法律，但在这一点上，城市一方也能够争取到很多让步。关于市民之间的侮辱、买卖、立誓放弃复仇等很多事情，都能够由市议会所属的官僚布特尔裁决。之前作为监护的下属机构，在城市内行使很大权力的地方代理官（Schultheiss）也从教区修道院转移到了市政府下面，市长职位获得新的确立。居住在城市内的骑士、家臣也受城市法管理。另外，手工业者结成行会的权利也受承认，其组织（Amt）位于市议会之下。对于城市经济来说重要的关税、渔猎权等也获得承认。但是，特许令并没有涉及货币铸造权。

这份特许令长时间作为哈默尔恩市的法制基础，在四百年以后仍被雕成木刻板，悬挂于市政厅。这样，从特许令的内容来看，到1277年哈默尔恩市才首次完善了作为"城市"的法制，看上去是座合格的城市了。从法制史研究的角度上说正是如此吧。

但是，我们在上文调查哈默尔恩市此时的状况，并不是为了确认这种表面的特征。这个时代的人们过着怎样的生活？他们对政治和社会有什么样的问题？为了处理这些非常困难的问题，作为必要环节，我们概观了这座城市的上述发展过程。从这样的兴趣出发，我们必然要将眼光投向普通民众的身影：通过特许令，即城市法律的整备，城市的生活范围不断被固定，在其背后则是此前普通老百姓生活中拥有的各种可能性消失，民众的生活被嵌入一定的框架之中。

12、13 世纪，欧洲各地城市都处在发展时期，市民活力涌现，生产力提高，也即呈现出"开放社会"的样貌。但是到了 13 世纪末，随着邦国的形成，一个自上而下的"单一模式"渐渐固定在这种民众的活力之上。我们不能被法制或者社会制度的完善，壮阔的城墙或坚固的建筑这些显而易见的事实迷惑。

因为在这种外在繁华的阴影处，极多的民众正在呻吟。在繁华的深处体察到这种民众的哀叹与悲伤是至难之业，但为了接近，我们仍必须要将目光投向哈默尔恩市的经济以及生活于其中的民众群体的状态。因此，为了解决从吕讷堡抄本中抽出的第二条有关孩子的问题，我们调查一下这个城镇的经济和民众群体吧。

哈默尔恩市的居民

吕讷堡抄本中登场的人物除了吹笛人，还有 130 个孩子和他们的母亲（以及路德的母亲）、将这个传说告诉作者的哈默尔恩民众。为了接近这些人，我们首先从普通市民这个阶层入手。

欧洲城市的"市民"一词，在日本经常是意义不清、相对简单地使用。"市民"是什么，并非一个能够跨越时代来回答的问题。换句话说，"市民"这一概念是历史概念，在各个事例中使用时必须先明确内涵。住在城市城墙内的人自然不全都是市民。

一般来说，市民必须是在城市内部拥有一定财产（主要是房屋）的自由人，这是基本条件。这些人形成城市共同体，因此不能把这些城市共同体的成员与城市居民混为一谈。城市共同体控制市内没有获得市民权的底层民众，在这一点上二者关系紧张，共同体也因此形成。

哈默尔恩市如何呢？这里自然也不例外，如前文所述，在城市规划确立前，威悉河沿岸就有教区修道院的佃农村庄。就像第38页地图上所见，哈默尔恩市也把这些村庄圈入城墙内部。然而，这些佃农后来被排除在市民团体之外。他们未能获得市民权，保持着教区修道院的佃农的地位。市民不仅拥有财产和市民权，而且有支付租税、负担警备及防卫义务，有实力的市民还必须无偿担任市政府或同业行会（Zunft）的行政职位，因此贫困阶层就被排除在外。1314年，通过教区修道院院长韦德金·冯·奥森和市议会的协约，这些佃农（Liten）首次与其他市民地位平等。

我们能够在这里看到一些实情：1277年特许令中"在市内停留一年零六周后即获得自由"这一法规，至少不适用于此前就世世代代生活在哈默尔恩市内的佃农。这则规定是为了保障人口流入城市，因此已经在市内生活的人就不在适用范围之内。细看之下，我们会意外地发现，现在我们周围也仍有类似的事情。

不管怎么说，截至1314年，在同一城墙内部实际上有多种多样的阶层，不过许多人仍住在这里，阶层之间也多少有些流动。在这一点上，哈默尔恩市仍是活力涌现的城市。社会最低阶层有教区修道院的佃农、地方官首领领有的佃农、定居在富尔达修道院的古市场的商人和手工业者，以及随着埃弗斯坦家族的城市建设而从周边农村流入的移民和新的城市居民。这些阶层各自拥有依据其出身所订的规范，在市内的地位也千差万别。

首先看教区修道院的佃农。如前文所见，圣波尼法爵教区修道院在 14 世纪初仍然作为庄园领主，在哈默尔恩拥有管理其十处农场的什一税馆。教区修道院在市外也有另外五六处农场。市内的农庄在 12 世纪分给教堂议事会和院长时，佃农的赋税和租金由前者所有，院长则担任村里的裁判领主，成为土地领主。实际上，裁判由地方官召开，每年 7 次。不过，这个裁判所处理的仅仅是罚金在 6 芬尼以下的与土地所有相关的案件，刑事案件全部由教区修道院的监护下面的裁判所决断。

这些佃农的生活本来就不自由，在成为拥有像样家庭的成人，即大喜的结婚典礼时，以及所有人都必然要迎来的彻底的孤独，即死亡之日时，都必须向教区修道院院长缴纳税金。被土地紧紧绑住，也是决定性的不自由的象征。他们虽然想逃到城市，成为市民，但是必须要有院长的许可。

与市内的完全市民不同，如此不自由的佃农被称作"教会的佃农"。1314 年，这种市内佃农在法律上不再存在，但

中世纪的商人

是为获得解放，他们承担了每年向院长支付16磅［银子］的义务，以代替在婚礼和死亡时缴纳的税金。中世纪城市内的农奴解放，实情便是如此。同一年，地方官署拥有的佃农同样也能成为市民了。

接下来，我们将目光投向商人和手工业阶层。他们和上述佃农不同，都拥有市民权，但是权利的实质并不相同。手工业者过去就住在教区修道院的固定集市，兼做农业和手工业，并结成受庄园法限制的行会，是人格自由受到限制的"市民"。但是，在13世纪的哈默尔恩，只有面包师、屠夫、纺织工三种行会。与此相对，商人阶层自古以来就拥有人格自由。他们受埃弗斯坦家族之邀参与哈默尔恩市的建设，构成所谓的完全市民。这些商人富裕，拥有包括经营大规模商业活动在内的所谓大科普法鲁特（音译）的市民权利，与只获得普通的市内小生意经营权，即小科普法鲁特的小商人阶层并不一样。

根据当时（1353）的法典规定，小商人阶层能够小额贩卖植物油、黄油、培根、奶酪、葡萄干、无花果、蜂蜜、蜡、腌制或熏制的鱼等日常生活用品，而大商人阶层能经营包含这些在内的所有物品，特别是纺织品（羊毛、亚麻、丝绸等所有材质的纺织品）、金属、南方的水果及香料、培根、牛油、植物油、沥青、铁器等。值得惊讶的是，这种市民权利的社会性差异一直存续到19世纪。

实际上，绝大多数市民出身周边农村，也就是哈默尔恩的集体村社。这些集体村社与五个市门对应，被新门（旧提埃门）、西门、东门、磨坊门、桥门分成五块牧场。因此，各个市门前面的牧场（Hude）里都有许多因居民前往市内而废弃消失的村落。直到19世纪，集体村社仍享有牧场或耕地等的使用权。到19世纪50年代，我们仍可看到牧羊人每天清晨从各自的市门出发，按照古代市议会的规则，将羊群带到各自牧场的光景。即便现在，游客在讷德林根等保留

中世纪的手工业者

古代样貌的城市内，也会注意到残留其中的强烈的家畜味道。身份意识也和这种味道一起，保存到了19世纪50年代。

无须多言，除了上述城市基础阶层外，随着城市建设，也会有骑士阶层及家臣阶层等移入。这几个阶层内部都有身份差异，彼此矛盾，但到13世纪末也算是站在了市民建设城市的方向之上，拥有共同的目标以及随之而来的共同敌人。市民推进城市建设时，挡在前面的基本上是过去的城市领主，各处都是如此，在哈默尔恩便是教区修道院。因此，接下来我们看一下，在市民努力建设城市与教区修道院拒不相让的拉锯中，上述各阶层身处何种状况吧。

解放和自治的实情

教区修道院院长是修道院旁边自古以来的固定集市的所有者，但是在埃弗斯坦家族建设城市的时候将其转让给后者，作为交换（以及将过去的市场权转让给新市镇的交换），修道院获得了新市镇市场中的警察权，并安排地方代理官行使权力。地方代理官和市民一起，每年召开三次集会（Colloquium），处理市场、行业、治安等所有问题，不服从集会所做决议的人可被罚6芬尼。地方代理官的这种行业限制权，被认为源自过去教区修道院对于附属的手工业者行会的庄园法式的限制权。

当时，想加入哈默尔恩面包师、屠夫、纺织工行会中的任何一个，必须要支付 18 先令。其中三分之一交给行会，剩余部分则成为地方代理官的收入。除此以外，新加入屠夫行会的人，必须送给地方代理官一张山羊皮。地方代理官每年和各行会召开三次被称为 Morgensprache（行会总会）的会议，汇报及讨论新加入者、死亡、结婚、规定等。此时课征的罚金全部进入地方代理官之手。在此，我们可以看到被庄园法限制的不自由的行会面貌。

但是，对于商人阶层，地方代理官就没有这样的权力了。葡萄酒生意就由地方代理官和市议会一起监管。哈默尔恩每年有 4 次均持续 8 天的大集市（1 月 18 日圣彼得就任主教纪念日、6 月 5 日圣波尼法爵日、9 月 29 日米迦勒节、12 月 6 日教堂献堂节）。它们都在市政厅周边及其内部举办，在此开店的人只需要给地方代理官缴纳很少的财物作为开店费用就行。根据搬来的商品数量不同，其数额也不同。商品根据使用小推车、马还是被称作 kiepe 的背篓搬运而被分类。地方代理官还会监督生活物资的销售，对于非法操纵价格等行为罚款 3 先令，其中三分之一自己拿走，剩余放入市金库。不过，代理人对于每周的集市没有任何权力。

不用说，市民尽全力要打破这种地方代理官的旧统治体制，试图买回妨碍城市自由的地方代理官的权力。这种努力在 1277 年的特许令中实现，到 1327 年市民最终获得了地方代理官的权力。将旧时代城市领主的特权残渣一扫而空的城市，现在必须自己完成市内行政工作了。与其他城市一样，在哈默尔恩市负责这项工作的也是市议会制度。

哈默尔恩市的市议会制度，最早可见于 1235 年。不过，地方代理官作为市议会首席议员的制度很早就有了。1277年，哈默尔恩市买回地方代理官一职，设置了取代它的市议长(Landmeister)，到 14 世纪则将其变成市长(Bürgermeister)。市长在每年 1 月 6 日主显节选出。市议会议员共 24 人，在主显节和五旬节改选半数 12 人，组成元老议会，剩余的 12人则成为常任议员。值得注意的是，当时全体市民都有成为市议员的资格。手工业者自然也不例外。1235—1246 年，屠夫成为市议员，1237 年铁匠也进入议会。

然而，到 13 世纪后半期，大商人阶层（都市贵族层）垄断了市议会。他们对行会内部的纷争也拥有独立的裁判权，形成了一个超越其他市民的特殊社会群体。早期能进入市议会的手工业者阶层在 13 世纪后半期也被排除出去，哈默尔恩确立了市内富人 / 豪族统治的体制。1277 年城市法的确立和市镇制度的建立这一法制史事实背后，就隐藏着上述社会性差距扩大的事实。我们看城市成立史料集等文献，涉及哈默尔恩的一定会举出 1277 年的特许令。然而，这种市镇制度建立的过程，也是那种生机勃勃、活力四射的社会——在早期强硬的教区修道院的统治下，出身多种阶层的人们共享市议会议员资格、一同斗争的社会——逐渐固化、桎梏化的过程。

"130 个孩子失踪"发生的 1284 年前后，哈默尔恩基本上处于具有上述特征的时代。那么，推定吕讷堡抄本成书的1430—1450年左右是什么样的时代呢？在此，我从与上述论点的关联出发仅指出一点。

与其他都市一样，在14世纪末，哈默尔恩市的手工业者财富增加、实力增强，他们和行会一起与掌控市政的豪族争斗，手工业者行会再次能够向市议会派出代表。当然，这个过程并不简单，在1400年前后豪族阶层就卷土反扑，手工业者失去四个议席，豪族化的商人阶层再次统治议会。不过，这一统治并没有持续很久，1419—1420年，手工业者行会掀起革命，大商人阶层的统治再次崩溃。于是，到了1438年，大商人阶层不得不放弃作为其垄断地位象征的行会内部的独立裁判权（Hansegraf）。

1420年以后，市议会成员共40名，两个分会各有18名手工业代表。以此时为顶点，哈默尔恩之后暂时没有出现大的社会争端。换句话说，社会秩序渐趋安定。

吕讷堡抄本成书时，进入作者耳中的"孩子们失踪"的传说，便是置身于这种状况之中的庶民谈论、传播的故事。在社会对立总算趋于安定的时候，人们讲述对已成为历史的对立斗争中的牺牲者的思念，进行镇魂活动一点也不奇怪。

第三章　移民者的希望和现实

移民东德者的心态

我们现在暂时从哈默尔恩离开，将视线投向恰好是在12、13 世纪欧洲出现的一件值得注意的大事。

提到中世纪社会，人们脑海中或许立刻浮现出古代的农村生活。那时人们在同一个村落出生、结婚、生养孩子，最后葬于祖先身旁。我们眼前大概会浮现出这种日常生活循环往复几百年的样子。确实，中世纪社会中的生活基本上有这样的特征。但是，人似乎不可能一直过着这种单调但幸福的生活。僻远乡村中的生活，一眼看过去很单调，但是牛马生病、家人生病、收成好坏等会播下无尽的心痛之种。在中世纪欧洲的农村，人们的生活并没有那么单调。农业本来就是城市人无法想象的繁琐忙碌之事。除了这些避无可避的烦恼之源外，只要人们的生活继续，群体产生的社会规范也会持续压抑个体。

先祖代代重复的生活方式、规矩、权利等，有时也因外来的强制力而不得不改变。这时，人们为困惑、不安所趋，日日难眠。世世代代都固定的租税上涨、赋役的日数增加、物价升高，这种直接影响到具体日常生活的压力无疑成为人们肩上的巨大重负。

但是即便形势变化、负担增加，中世纪的农民应该也不会立即抛弃祖先传下来的土地，把自己和子孙的生活寄托到未曾见过的他国。人越上年纪，就越难以忍受离开养育自己的村镇、河川、森林，就像植物一样，希望钻到这些事物之中度日。

但是在12、13世纪，有大量人员从荷兰及德国西部移民到德国东部乃至东欧地区。许多农民、市民受"移民代理人"的劝诱，离开祖先传下来的村庄、市镇，前往东部的新土地建设村镇。这场运动虽然不起眼，但对当时来说是极大规模的人群移动，使德国国土扩大了三分之一，迁移走的德国人在现代的捷克、波兰、匈牙利甚至乌克兰都留下足迹。限于篇幅这里没有详细讨论被称作"日耳曼东扩"的人口大迁徙的原因（请参照笔者《德意志中世纪后期的世界》，未来社，第148页以后），我仅指出过去研究者的主张中无法解释的部分。他们认为这些人只是因为没有足够食物，所以前往新土地生活，寻找谋生的可能。

我们可以在这里看到，它与日本农村中所见的逃亡性质不同。首先，迁徙距离遥远。从德国西部到东德，再到波兰、捷克、匈牙利的道路，对于难以谋生的人们来说实在是过于遥远和艰辛。后文会看到，从哈默尔恩到奥帕瓦也有六百公里。其次，就算平安到达，等在那里的也是未开辟的荒原。迁徙者之中大部分都是相当富裕的阶层，而非生计困难的人们。他们有充分的计划，三三两两离开村庄，汇集到东部的某个地点，获得数年免税期的保证并参与村镇建设。能否度过第一个冬天是成功与否的关键，因此人们必须要准备至少能度过第一个冬天的资金。这些人并非无法谋生，乃至吃了上顿没下顿的人，那么他们为什么要离开熟悉的村镇呢？

或许是包裹、支撑此前日常生活的世界的变化所致吧。人并不是有屋子、有食物、有自然环境就能生活下去的动物。重要的是这些事物、自然环境、对象与自己的关系，这种关系构成了世界。对于中世纪的农民来说，这个关系的世界是由传统建构的，过去的东西，便是好的东西。

但是，12、13世纪的欧洲是所谓激变的时代。前文已述，各地城市如雨后春笋般出现，随着商业的复活，村庄内部也开始受到远程贸易重新出现的影响。特别是新形式的地域统治制度逐渐覆盖农村。这种统治制度大大改变了农村的传统秩序。古已有之的领主被替代，新人作为新的领主统治。村内的阶层秩序也发生变化。当如此状况在村庄中清晰可感时，许多农民感觉到"这已经不是俺的村子"也就不奇怪了。对于独立经营农业的人而非佃农来说，这种想法应该更强。等到忍受不了这种想法时，他们便接受来自东方的劝诱，在得到保证能在那里以前所未有的好条件获得土地后，舍弃祖先传承下来的村落，踏上旅途。

但是，他们也不是丢弃了从祖先那里继承来的村落。故乡被放在长筒靴里，与他们一同远赴东方。他们是要在东部重建曾经养育自己的村庄。几乎无一例外，这些人用本国的村名命名新的村子，在环境不同的新土地上重建旧秩序。日耳曼人东扩就是在这样的心态下进行的。

哈默尔恩的 130 个孩子失踪是在 1284 年，而移民东部以及农民迁徙活动的最鼎盛时期大概也是这一时期。因此，过去很多研究者注意到二者的关系，开始破解"孩子们失踪"之谜也并不奇怪了。1943 年，马丁·维拉首先这样尝试，沃尔夫冈·维恩在 1948 年细致地提出充满魅力的理论。1955 年以后，汉斯·多伯廷在它与家谱学的关联方面，再次精力充沛地论证这一理论。这些可以被概括为"东向移民说"来处理，不过我们先看一下目前具最包容性的维恩的理论吧。

目击失踪的路德的母亲

维恩的出发点虽然也是吕讷堡抄本，不过在年代推定上却基于自己的前提。如前文所见，该抄本书写在 1370 年去世的海因里希·冯·黑尔福德的《金锁》手抄本最后一页，从字体判断是 1430—1450 年左右写成的。但是，维恩从作者的"我在一本古书上看到这件事"这一点出发，认为这个抄本的传承之中还有某个古老的原本。从教会法意义上的"古"（antiqua）这一概念出发，他推断那至少是比抄写时间早 60 年以上的古书，即 1370—1390 年左右的书。

而且，维恩指出抄本中出现的 Kalvarie 一词用来指"审判、行刑场"之意，最早是由诺曼底的圣经学者里尔的尼古拉使用，其著作《普世的〈圣经〉注解》（Postillae Perpetuae）1330 年以后被广泛传抄，1472 年以后作为在德国印刷的最早《圣经》注释手册而普及。于是，这则传说最初的文本，最早也是在 1330 年以后出现的。

但是，拉丁语文本中 ista in unoantiqualibro（我在一本古书上看到这件事）中的"ista"一词，较之维恩所想，指的是整篇文章，也不妨认为指的是上一句话，即"哈默尔恩用孩子们失踪之日起的第 1 年、第 2 年、第 3 年的纪年方法"。这样考虑的话，古书几乎肯定就是前文已经提到的哈默尔恩的法典。因此，吕讷堡抄本的书写人未必一定基于某本书写下这个故事。他也可能是亲耳听到这则传说在民众中流传。实际上后者的可能性很大。

当时的书全部由人抄写流传，数量稀少，且几乎都秘藏于修道院或市政厅的楼阁深处，一般人几乎看不到。吕讷堡抄本的作者现在依然不为人知，我想比起阅读了某个记载传说的文本，基于当时也在一般民众之间口口相传的口头传说而写成的可能性更大。不过，这一点并不是决定性问题。因为如果维恩假定的"原本"在1370—1390年完成的话，那么吕讷堡抄本的作者依据它来记载时，口头流传的传说和它一般来说并无根本区别。

与这相比，有问题的是"院长约翰内斯·德·路德的母亲目击了小孩离开"这条记载。德国的家谱学非常发达，引用他们的成果就知道路德家在1267年开始有记载，1405年消失。其中，叫约翰内斯·德·路德的只有伯父（1324年）和外甥（1378年）两人。而且我们知道两者都是高龄去世。按照维恩的说法，吕讷堡抄本的"原本"作者在1370—1390年间写下了这篇文章，那么那个时候活着的只有外甥路德。而他的母亲在1284年是小女孩，有可能看到"孩子们失踪"。从抄本作者似乎认识路德院长这一点来看，维恩的1370—1390年"原本"成立说又有了依据。

但是，路德的母亲被认为是哈默尔恩市议员吉佐·霍格特（1282—1294年在职）的女儿，从这一点可以看到她和吕讷堡市市长弗里德里希·霍格特（1434年去世）也有亲戚关系。这样的话，对于吕讷堡抄本的作者而言，路德有可能不是完全未知的人。我们在此走入了非常繁琐的问题中，对于这些问题，我们这些外国人还没有拿出最终决定性证据的条件，所以就讨论到这里。不管怎么说，这种家谱学旁证的结论是，路德的母亲目击了"孩子们失踪"这一条记载本身，明显是足够成为历史事实的事情，而这份抄本的重要性也越发增强了。

那么，维恩以这份抄本为材料，试图得出什么样的解释呢？

移民代理人和集体婚姻的背景

维恩假说的中心人物是"吹笛人"。16世纪以后传说不断变化，"吹笛人"被描绘成恶魔一样的人物，在真实的中世纪，"吹笛人"作为流浪艺人也不能进入教堂。换句话说，他们被当时的整个社会排斥，是只在节日时才勉强被允许出现的贱民。他们的衣服也很寒酸，远远看过去就能认出他们的打扮。然而在吕讷堡抄本中，吹起笛子，将孩子们带走的男子穿着极其高级的服装，美丽到众人皆叹。"吹笛人"既然是上述不被社会容纳的人，那他们就不会被视作"美丽"、不应该穿着高级的衣服。当时的流浪艺人（Spielleute）通常头发都很短，而同时代的人们说某人美，前提都是他有一头垂肩长发。

而且，当时的社会规定了各种身份的人所穿衣服的颜色，农民和大部分市民一般只准穿灰色的衣服。犹太人等只能穿黄色的衣服。而且就算是贵族，在13世纪也不穿红、绿、蓝等颜色的衣服。维恩认为，"吹笛人"的衣服一定是多种颜色组成的条纹样式，所以不应该是"穿着极其高级的服装"。因此，抄本描述的"吹笛人"和通常的"吹笛人"

模仿集市教堂玻璃彩绘的现存最古老的"哈默尔恩的吹笛人"图

的形象差距甚远，是执行某种别的任务的人。

不管怎么说，如果问 1284 年左右，处在这种地位中的"吹笛人"能做什么，答案只能是"什么也不能做"。他们自身的主动性什么也做不了，只能作为权贵的助手，做一些执行工作。

那么，当时哈默尔恩有没有能使唤"吹笛人"的权贵呢？维恩认为他们是由贵族或城市贵族等组成的企业家（法律上［de jure］的移民代理人［locator］）。换句话说，"吹笛人"是事实上的移民代理人，为法律上的移民代理人贵族工作，通过个人魅力动员年轻人，将他们带到该贵族的殖民区域，即远在匈牙利、由奥洛穆茨主教布鲁诺·冯·绍恩堡开发的殖民地。"吹笛人"作为背后贵族的使者，在此发挥着宣传员的作用。

然后，二者结成紧密的关系，完成这一事业，因此之后传说形成的过程中，这两种人格就逐渐变成一种，产生了史料所描写的"吹笛人"的服装、发型与其作用的矛盾。

二者鼓动移民的准备行为，在1284年6月26日65对即130名青年男女移民东部前的集体婚礼上达到高潮。在中世纪，人们时常在教会历的特定日子举行集体婚礼。市民的结婚仪式通常持续3天，不过在哈默尔恩一般是2天。6月24日圣约翰节开始的结婚典礼在25日（周日）结束，大家在次日的圣约翰和圣保罗日出发。

"圣约翰节"是印度、日耳曼、雅利安民族点燃夏至灯火的日子，人们一般会在这一天加入行会、获得市民资格、举办婚礼等。在瑞典的一些峡谷地区，人们将该年结婚的所有新人的纪念日定为这一天。哈默尔恩完成结婚仪式的年轻人，穿过后来成为"无声街"的街道，在"吹笛人"的带领下，从东门走向科彭，在卡尔瓦略附近从父母们的视野中消失，踏上了通向遥远的特兰西瓦尼亚的移民之旅。换句话说，维恩认为这只是当时随处可见的稍大一点的东向移民而已。

他也认为这种中世纪版的集体婚姻、集体就职发生的背景，是当时哈默尔恩因为人口增加、土地不足而导致的社会贫富差距增大。

哈默尔恩市控制所及的范围，跨过威悉河两岸，面积近3 000公顷。但是即便现在，其中的三分之一也仍是森林，耕地必然不足。如前文所见，13世纪后半期城市虽不断扩张，但拥有今天我们看到的大致区域的城市在1250年左右就已最终完成。然而人口却踏上了自10、11世纪以来的增长之路。在此之上，1277年外来移民进入，1280年左右以后人口再次急速不断地向市内流入。

　　应该养育这些人口的哈默尔恩的经济，是主要依赖农业的半农半商形态。城市建设以前，哈默尔恩的耕地上有约400户家庭，到了1250年，这一数字增长到700—800户。与之相对，哈默尔恩全部耕地是1800—1900公顷的农地及菜园，剩余的为共有地。因此，每家平均仅有不到1.5公顷土地。实际上农民以及经营农业的市民的土地，只有很少一部分是收成好的耕地，大部分都是狭窄的贫瘠土地，只能说是聊胜于无。因为土地不足，1260年，人们也讨论在哈默尔恩的共有地中新建村庄的可能性，虽然并未实现，但是从这能看到人们对土地的切实需求。

　　前文已见，哈默尔恩的商人、高利贷者形成了独立的身份阶层，他们拥有哈默尔恩周边森林的一切，有权砍下树的小枝做薪柴。而且，他们也购进哈默尔恩周边的土地，许多农民失去土地，被迫前往市内。

　　这些没有市民权的居民没有在城市内自足生存的条件。手工业、小商品买卖业方面已如前文所述，前者在1277年时仅有面包师、屠夫、纺织工三个行会，到 14 世纪中叶以后这一数字才终于增加。到这个时候行会达到 20 个。至此，城市里的农民及其子孙终于能经营手工业或小商贩业，也出现将农业委托给奴仆的例子，然而在 13 世纪末期，一般认为哈默尔恩还不可能出现能够适应人口增加的经济活动。

这种事实的背后是哈默尔恩渐趋严重的土地不足问题。而且，这里没有附属城市（Vorstadt）。1317 年，哈默尔恩以当时破天荒的价格（400 头牛）购买了威悉河中一块 2 公顷的岛，这种事情标志着这座城镇的开发勉强到来。换句话说，哈默尔恩底层的子孙，已经不可能拥有新的家庭、经营独立的生计了。在这种状况下，巧言善诱的男子出现，宣传在东方建立像样家庭、拥有广阔土地的可能性。

而且很久以前，移居到"流淌着牛奶和蜂蜜的迦南之地"的东方的故事，也已经偶尔在哈默尔恩市的民众之间作为传说流传了。那些接近结婚年纪，但是因为没有足够土地、财产而无法建立像样家庭的年轻人，自然会倾心于这种故事。

不过，如果是这样的话，年轻人迁徙对整个市镇来说也应该是很大的事情，市议会也一定以某种形式参与其中。如果是那样，为什么年轻人从市政厅前出发时没有直行经过东门，而是沿着狭窄的无声街绕到东门呢？对于这个问题，维恩尝试从大市民和小市民的住房分布来分析。

根据他的说法，当时哈默尔恩市内约 600 间住宅之中有

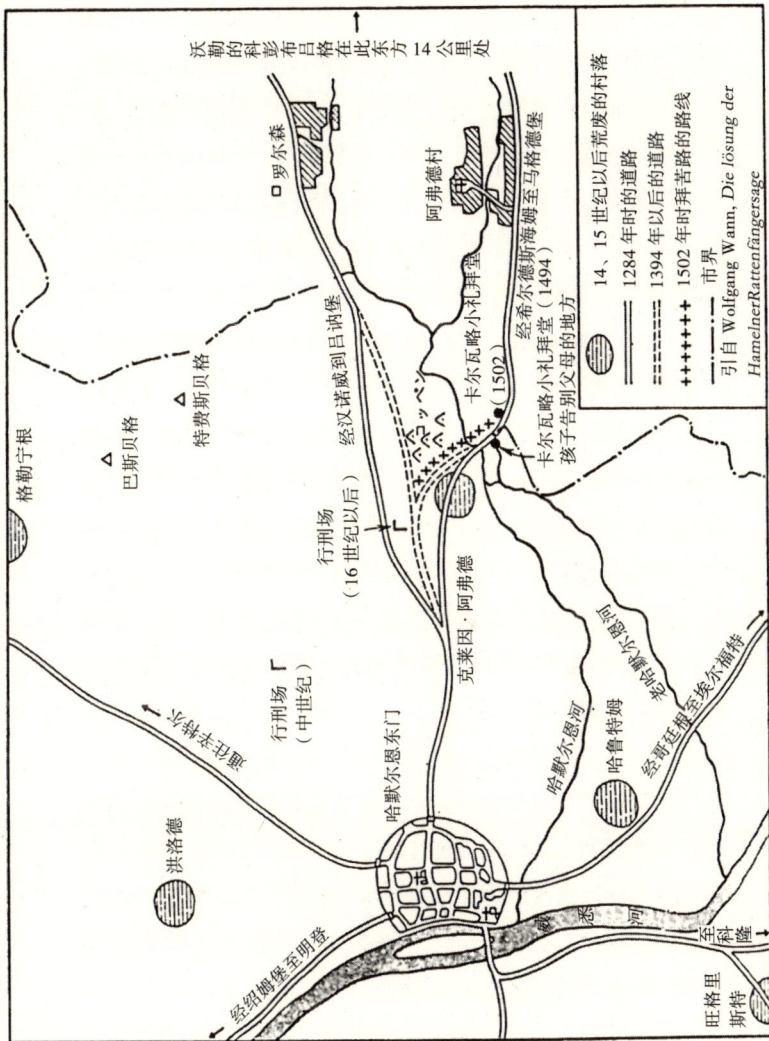

维恩移民东德说中所见的中世纪哈默尔恩市周边

引自 Wolfgang Wann, *Die lösung der Hamelner Rattenfängersage*

图例：
- 14、15 世纪以后荒废的村落
- 1284 年时的道路
- 1394 年以后的道路
- 1502 年时拜苦路的路线
- 市界

地名：
- 沃勒的科参布昌格在此东方 14 公里处
- 罗尔森
- 阿弗德村
- 经希尔德斯海姆至马格德堡
- 卡尔瓦略小礼拜堂（1502）
- 卡尔瓦略小礼拜堂（1494）孩子告别父母的地方
- 巴斯贝格
- 特费斯贝格
- 格勒宁根
- 行刑场（16 世纪以后）
- 经汉诺威到吕讷堡
- 行刑场（中世纪）
- 克莱因·阿弗德
- 哈默尔恩河
- 哈鲁特姆
- 哈默尔恩东门
- 至菲茨拉尔
- 洪洛德
- 经哈默尔恩河
- 经哥廷根谷埃尔福特
- 经绍恩堡至明登
- 至科隆
- 威悉河
- 旺格里斯特

285—293 间是大市民的，308—313 间是小市民的。我们在哈默尔恩市散步时已经看到，大市民的房子远远大于小市民的，而且拥有酿酒权，在当时已经是威悉河地区少见的石造建筑。现在我们在这些过去的大市民的房子中仍能看到所谓的威悉文艺复兴的典型建筑。小市民的房子是下萨克森风格的朴素木质白墙，没有酿酒权。如我们所见，大市民的房子集中在市场以及从那里延伸出来的面包街、奥斯特街上。

在社会性意义上与此相对的是东南方的新市场区域，那里主要住的是小市民、手工业者阶层。如果一些人因为土地不足、贫困而必须外迁，他们一定住在这周围。从该区域中心的新市场（过去比现在更大）出发，道路经由无声街，以最短的距离与东门相连。于是维恩推测，年轻人在他们老家所在的新市场集合，从该处出发直接走向东门。

那么，孩子们消失时所在的卡尔瓦略或科彭在哪里呢？

1460 年以后，欧洲各地都建造卡尔瓦略小礼拜堂，配之模仿耶路撒冷的苦路（耶稣受难之路）。1494 年，哈默尔恩的一些市民得到明登主教等人的同意，也在克莱因·阿弗德村建造了卡尔瓦略小礼拜堂。它恰好位于城市的旧边界线上。小礼拜堂后来迁往他处，但从前述的里尔的尼古拉时代起，其名称就被误解为"举行判决的场所""刑场"。据说在1494 年，哈默尔恩市民思及 1284 年的事件，在孩子们消失的地方建造了卡尔瓦略小礼拜堂，用来镇魂。

根据维恩的说法，孩子们就是在这里（市界）告别父母，踏上遥远的旅途，而这里也位于科彭山之下。这座不到 85 米的低矮山丘，因 1871 年的铁路建设而最终崩塌，不过在 16、17 世纪，这块土地仍然被叫作科彭。现在，在拜仁等天主教区域，还能看到田地、村界处突兀地树立着十字架。对于干农活的人们来说，那当然是守护像，不过对于离开村子踏上修行、经商之旅的人们来说，它是与村庄告别时的最后牵绊，也是长期离乡之人时隔多年重回故里时的最初标志。在哈默尔恩也是如此，父母正是在市界将孩子交到陌生的移民代理人手上。

孩子们去了哪里?

那么，最后很多人关心的疑问就成为问题：孩子们去了哪里？他们踏上的道路，出东门后不久就经希尔德斯海姆通向马格德堡。两地之间的城市这时没有出现任何事故、事件，也没有听说大规模死亡的事情。于是，从当时德意志的各方面状况判断，人们自然会联想到它与东向移民运动有关。但到了"孩子们去了哪里"这一问题，连一个孩子的名字都不知道，所以完全没有任何线索，毫无头绪。不过，维恩或许是因为有后文所述的切实的内心冲动，反而将这种完全没有线索的状况视作一种线索。

当时的人在地理方面的世界认识非常贫乏，特别是在农村，完全不了解家乡村落以外的世界而度过一生的人不在少数。因此，维恩认为，即便得知孩子们的目的地，对于哈默尔恩的一般民众来说那也是未知之地，特别是连它属于哪个国家都不清楚时，该地区就作为没有名字的地方而从记忆中快速消失了。

当时一般在教区修道院等机构用于教育的地图，是以耶路撒冷为中心，基于传说等制作的极不正确的地图，比如此类地图会把东方朝上。但是，哈默尔恩商人阶层的活动范围涵盖威悉河全境以及北海，当时的骑士阶层中也有不少人蔑视所谓"书桌上的学问"，拥有前往意大利、圣地、东方的冒险旅行经验，因此，市民地理上的世界观念并不像农村人的那么差。

1284 年，吕讷堡石楠草原上的本笃修道院，有一幅12.7 平方米的巨大地图（1943 年在轰炸中被烧毁）。它给 13 世纪末哈默尔恩的地理教育提供了很重要的基准。这幅世界地图被称作埃布斯托夫地图，以罗马的地图为底本，据说比起五十年前由出生诺福克的地理学家巴托罗缪·安格利克在马格德堡时所绘的地图，关于东方的知识明显增多。特别是它描绘了波罗的海沿岸、汉萨势力影响所及的从诺夫哥罗德到第聂伯河的区域。此外，多瑙河沿岸地区从匈牙利中心地区一直到巴尔干半岛，以及立陶宛、莫斯科、乌克兰、马赛、勃兰登堡等都有详细绘制。

但是，这张地图上也有一些不如上述区域那样详细的地区。那就是摩拉维亚、北匈牙利和波兰。维恩认为重要的不

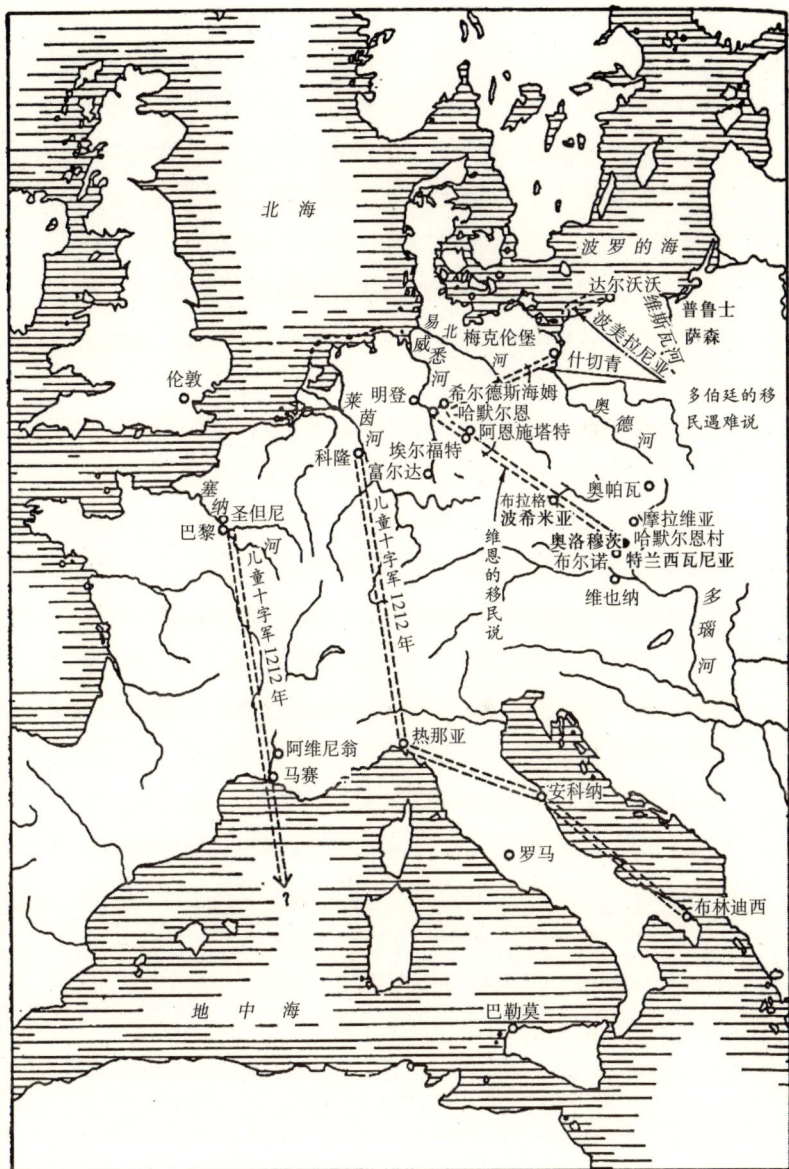

北海

波罗的海

达尔沃沃 普鲁士 萨森

梅克伦堡 波美拉尼亚

易北河 什切青

北威悉河 奥德河

伦敦 明登 希尔德斯海姆 多伯廷的移民遇难说

莱茵河 哈默尔恩

埃尔福特 阿恩施塔特 奥帕瓦

科隆 富尔达 布拉格 摩拉维亚 哈默尔恩村

儿童十字军 1212年 波希米亚 奥洛穆茨 特兰西瓦尼亚

圣但尼 维恩的移民说 布尔诺

塞纳河 维也纳

巴黎 多瑙河

儿童十字军 1212年 儿童十字军 1212年

阿维尼翁 热那亚 安科纳

马赛 罗马

布林迪西

地中海 巴勒莫

仅是上面没有记载，也包括上面错记了什么。关于摩拉维亚的记载非常不准确、不充分，北匈牙利地区也是空白，关于波兰则只描绘了维斯瓦河、奥德河两条河流。于是我们可以推测出，对13世纪末期以后受此地图影响的哈默尔恩市市民来说，这些地区没有在他们的世界图像中占据积极位置。而正因如此，对维恩来说，这些空白地带成为隐藏了某些秘密的地方。

我们不断在理论上排除各个地区，结果作为哈默尔恩市孩子的目的地浮出水面的是西里西亚高地和克拉科夫、西加利西亚北部及摩拉维亚北部、匈牙利北部[*]（斯洛伐克和奇普斯）这条欧洲主要水系分水岭的南部地区。

不过，只以当时哈默尔恩市一般民众不知道这个地区为据，还完全无法证明它就是孩子们的目的地。因此，维恩采取了和此前他人论证相反的方法，必须要找出这些地区中已经和哈默尔恩周边建立密切关系、哈默尔恩的孩子（实际上是成年的年轻人）作为移民者远隔千里前往也很正常的地方，同时再论证这一关系。实际上，这个论证反而比较简单就能完成。

以摩拉维亚北部的奥帕瓦为中心的区域，在1241年蒙古大军入侵中是欧洲受害最严重的地区。在瓦茨拉夫二世

---

[*] 原文为南部，但是斯洛伐克在匈牙利北部，加之此处文意是失踪的人去的地方在捷克至罗马尼亚这一条西北–东南向山脉以南，而这条山脉在匈牙利北部，因此改作"匈牙利北部"。

（1278—1305）统治时期，此处由其弟弟尼古拉，即奥帕瓦公爵统治。

1278年，哈布斯堡家族的鲁道夫一世在马尔凯费尔德的杜尔克鲁特战役中，击败了波希米亚的奥托卡二世。此后，1306年，尼古拉向西欧发出令人瞩目的号召。正像1143年因开发荷尔斯泰因而闻名的阿道夫伯爵以佛兰德、荷兰、乌德勒支、威斯特伐利亚、弗利森等地为号召一样，尼古拉也号召西欧的人们迁入此地，成为移民者及都市建设者。特别是因为1284年《奥帕瓦和约》签订，此地的开发计划在1276—1278年中断后重启。在此之前及之后，布拉格的宫廷再未像此时这样欢迎德意志。这种号召通过行吟诗人（Minnesänger）进行。

于是，过去曾是波希米亚一部分的奥洛穆茨主教区格外明显地浮出水面。而且明显的是，在摩拉维亚的奥洛穆茨这一距哈默尔恩东南远达600公里的偏乡僻壤，有一位与哈默尔恩有联系的人物。

他就是奥洛穆茨的主教布鲁诺，出身于哈默尔恩北部15公里处、威悉河沿岸的绍姆堡。1205年布鲁诺生在绍姆堡城，1245年成为奥洛穆茨的主教，1281年埋骨于此。从赴任奥洛穆茨起，他就应对蒙古的威胁，尝试在此建立本质上全新的军事性封地制度。据说该组织在14世纪初期仍拥有35名受封者，并能提供配备完整装备及扈从的500—600名骑士。一些大的邦国君主也加入了这个新的防御组织，因此一旦有事，主教可以指挥多达数千骑士及步兵。这几乎相当于同时代中等规模的帝国诸侯的军队，事实上，据说在1419—1434年的胡斯战争时，它曾作为苏台德地区内部唯一的军事力量同胡斯派战斗。

布鲁诺推行强力的移民、开发工程，作为这种军事、宗教组织的经济基础。在他赴任时这里仅仅拥有不超过1500名承担赋役的佃农，分散在200个村落，结果到13世纪末，此地已有400多处村落，至少15 000名人格自由的佃农。仅以现在已经清楚的史实看，布鲁诺在摩拉维亚和西里西亚设立了200个新移民村，创设了30座城市和固定市场。为此他招揽来了25 000名移民，这在当时是一个令人惊讶的数字。

布鲁诺和后任狄奥多里克在1250—1300年，向西欧派遣了300多名移民代理人。他们在西欧各地招募移民，在村庄建设好后，代理人一般成为首任村长。迁徙的农民远路劳苦，三三两两汇聚于东方的集合点。根据维恩的说法，他们在那里无偿获得第一年种植用的种子和两三头家畜。据说比起西方，东方的货币购买力更强，移民预备的资金就算不那么多也够在这里用。此外，土地费用以预付金的形式由企业家支付，移民只需携带几件家具和一些工具。新开垦的土地通常几年内免租，因此很多农民被这种优越条件吸引，相信代理人的话而前往东方。

关于这些移民，维恩通过分析保存在奥洛穆茨主教区的移民承包证书，彻底调查出其中有150多人是德意志贵族的仆从，这之中的三分之二出身威悉河沿岸地区或者和这个地区的人有某种姻亲关系。维恩列举了很多他认为是威悉高地出身的人名。为了论证，他还列举了与低地德意志地名相对应的村名、地名。

移民代理人之间的竞争自然激烈，不过来自与奥洛穆茨有关，是同乡某个大人物开发的土地上的移民代理人，工作起来会比那些来自没有任何关系地区的人更简单些。因此，奥洛穆茨的移民代理人自然集中在布鲁诺出生的威悉高地活动。而且，绍姆堡伯爵的领地接近哈默尔恩市北部，根据维恩的说法，这一区域是哈默尔恩市人口众多的地方，因此从二者的这种关系考虑，奥洛穆茨面临人口不足的困扰时自然会利用它。

实际上，在布鲁诺的开垦区域里的约一万德意志人家族名称中，约有一千是来自低地德意志，其中三百多被认为出自哈默尔恩市近郊。

彻底分析奥洛穆茨地区的这种村落定居史和地名后，维恩最终发现了"哈默尔恩的孩子抵达的村庄"。那里现在已经成为森林，但过去是哈默尔恩村（Hamlingow，之后称作Hamakow）。这处村庄位于摩拉维亚首都东北约 20 公里处，主要由来自拜仁、东弗兰肯、施瓦本、瑞士、下萨克森的移民开发建设。村子约有 30 弗佛〔用 4—8 头牛曳的犁，一上午左右所犁的耕地面积称作 1 摩根（英亩），30 摩根为 1 弗佛。东欧地区的弗佛比西欧地区的面积更大。1 弗佛土地中也包括另外的住宅地、菜地、公有地的利用权，拥有其全部权利的人被视为标准农民]，居民除了经营农业外还捕鱼、磨面粉、烧炭、养蜂等，后来也种植葡萄。这一带属于以荷尔斯泰因城堡为中心的统治区域，这个名称让人想到威悉河流域的绍姆堡—荷尔斯泰因。土地所有者是奥洛穆茨主教的封臣。此外，村子旁边是1249年在布鲁诺主教手下任职的斯坦格家族的领地。斯坦格家族与哈默尔恩的弗洛列夫森家族有姻亲关系，之后在普鲁士延续至今。完全可以想到，作为日耳曼人东扩时期典型的贵族移民，机敏果断的斯坦格家族也会在此时投入包括弗洛列夫森家族在内的全部力量开垦、建造村落（关于斯坦格家族的移民，可参照拙著《德意志中世纪后期的世界》，未来社，第142页以后）。

此外，维恩还以残存的方言为旁证，推定这个村子就是哈默尔恩市的孩子的目的地，也是他们的抵达之处。

那么，最后必须回答的一个问题是，如果这件事在12、13世纪西欧的许多村镇都曾上演，不过是日耳曼人东扩中的一幕，那为什么只有哈默尔恩市的故事作为传说留存下来，并传播到全世界呢？

根据维恩的说法，当时130名年轻人离开，按比例大约相当于近代哈默尔恩的2000—2500名，或汉诺威的1万—2万名年轻人突然消失。这个时代通常的方式是三五成群的农民或市民受到移民代理人的劝诱，像水渗出一样从西欧的村镇出发，不显眼地集中到东边集合地。依靠这种迁移，人口增长的压力以一点点的方式缓和。如果不是这样，那它就要以饥馑、疾病或事故造成大量人员死亡的形式解决。

一位移民代理人通常带走五六十人。从一个市镇或村子带走多达 130 人的情况极其罕见。然而根据维恩的说法，哈默尔恩严重的人口增长压力在它和奥洛穆茨的特殊人际关系中找到释放口，通过这种果决而特例的方式急速减少人口。留下来的双亲或者亲戚的感情，不管在什么时候、不管在哪里都是一样的。这个市镇同辈人大量迁移，留下来的人担忧前往交通、通信都极不方便的遥远异乡的孩子们的安危，彼此之间反复诉说、传承着悲伤，等到父母和亲身经历者都去世后，这个事情就变成了传说。市长和市议员实际上只是城市大贵族的手下，但他们并没有能阻止这些年轻人移民东方，也即阻止对市镇经济造成致命性伤害的劳动力流失。如果他们那样做，大概会出现流血抵抗。只有这些人有能力读写文书，因此为了防止这种人口流失再次发生，他们封锁了这一传言，在公共档案中不记录这一移民事件。这种处置反而导致将此事件转化为传说。

而且，哈默尔恩市内的人口状况被认为是传说成立的决定性因素。1325 年，哈默尔恩市的出生人数已经减少，1381 年新市场（孩子们集合的地方）第一次出现荒废的房子。1388 年，农业劳动力不足变得明显。1347 年之后卷土重来的鼠疫，造成整个 14 世纪人口显著减少，1486 年哈默尔恩市的村庄已经成为废村，重新由森林覆盖。正是在这种

14、15 世纪的人口减少趋势之中，1284 年大量年轻人不自然减少（一种弃民）这一过去事件被当作一种悲痛的回忆，促成了"吹笛人传说"的形成。

维恩理论的缺陷及魅力

上文很详细地介绍了维恩的理论，不过这个充满魅力的理论也有很大缺陷。其中之一是，虽然西德意志、中央德意志很多村镇都向东方移民，但为何哈默尔恩必须采取如此果决的方式呢？维恩对此的论证并不充分。研究者一般都会提到这个时代的人口增加。但是，并非只有哈默尔恩特别受困于剧烈的人口增长。而且谁都清楚 130 名同辈的年轻劳动力流失，对人口 2000 人的市镇经济是致命损失。

确实，奥帕瓦周边有德意志农民移居。但是如汉斯·朔尔茨所说，像建造了 3000 个村落及 30 座城镇的布鲁诺主教这样的人物，根本没必要在自己的故乡使用"吹笛人"，即移民代理人，以偷偷摸摸的怪异方式劝诱年轻人。而且，如果孩子们的未来光明，又移民到当时被比作"流淌着牛奶和蜂蜜的迦南"来宣传的东方，这件事情后来应该会被传播成过去离开没有希望的城镇、踏上寻找新天地之旅的勇敢年轻人的故事。后来的哈默尔恩的年轻人离开狭小的城镇，要去大城市或美国开拓自己的命运时，或许就会想起这种旧事。

但是，这个故事带有似乎暗示着不幸结局的阴影。而且最重要的是，迁走的年轻人和故乡之间不应该没有任何联系，何况威悉河地区和奥洛穆茨之间本来就有密切联系。更不必说，研究者并不是很认可远赴哈默尔恩以东 600 公里的奥帕瓦地区寻找土地的农民子孙已经有了名姓。

维恩的理论中还有很多可质疑之处。比如，对从无声街出发这一点的解释就不合理。如果是结婚仪式之后出发，孩子们一定是从集市教堂前面的市场出发。更重要的是，如前文所见，认为吕讷堡抄本的"原本"成书于 14 世纪 70—90 年代的论据本身也有问题。另外，加入东向移民运动，对当时的人来说并非不可思议之事。维恩对它转化成"传说"的过程的说明非常不充分。虽说事件亲历者全部逝世，但原因、目的地都清楚的事情不应该变成原因、目的地都成为谜团的传说。随着时间的流逝，这些常常会发生变化，然而肯定不会全都变成谜团，并以这样的方式传承下去。

维恩的假说虽有很多疑点，但我仍认为它是"吹笛人传说"研究中的明珠。因为它超越了逻辑性的弱点，带有诉诸人心的内容。底层民众子女的集体结婚仪式和集体移民与这则传说应该没有什么关系。但是，构成这一假说的每一幕都拥有唤起人心中某种画面的力量，它在这则传说的无关之处触及了"人的命运"。错误的假说也有生命力。这种生命力在哪里呢？维恩在这个巨大的研究之中探求的并非"哈默尔恩市的孩子们"的行踪。

确实，维恩这一研究的大部分内容，都是在他视作孩子目的地的摩拉维亚奥洛穆茨地区寻找孩子们的痕迹。不过，他并不是从哈默尔恩市这边寻找，作为摩拉维亚出生的所谓苏台德德意志人，作为第二次世界大战后抛弃故乡、财产等一切东西而被西德强制送还的遣返者，维恩以相反的方式从布尔诺寻找和西德的连接。换句话说，维恩自己是现代"哈默尔恩的孩子"中的一员，这个孩子在过去的传说中寻找和失去的故乡的牵绊，将青春的热情全部投入其中。

维恩的父母出生于过去属于奥地利的西里西亚，亲戚大多来自东德。不仅维恩，东德人的祖先很多都是在东向移民时期由移民代理人率领离开故乡村镇、前来此处的。

从这方面来看，对于维恩来说，1284年的"哈默尔恩的吹笛人和儿童失踪"事件必须是历史事实。但是，他的望乡之念并不是对于西德，而是对摩拉维亚的布尔诺，在此意义上那已经只是幻影了。维恩的背后有着相同命运的数百万德意志人的悲泣与希望。这些悲泣与希望把过去变成了现在，把传说当成历史事实，把现实拥入梦中。于是，这则"传说"也成为与他们现在的"世界"的关联。在这一点上，这仍然是"学问"。维恩理论的魅力也完全就在此处。

多伯廷的移民遇难说

虽然都主张东向移民说，不过多伯廷的移民遇难说（参见第 77 页地图）带有完全不一样的氛围。他从批判维恩的理论开始论证。多伯廷从这则传说带有阴影推测孩子们的命运定是不幸的，因此认为他们（实际上是已经成人的年轻人）在前往东方移民的途中一定遭遇了事故而遇难。他论证这种可能性的方法彻头彻尾地基于错综复杂的家谱学。

论证的出发点是被认为最古老史料的集市教堂彩绘玻璃副本。1592 年梅斯伯格的《旅行编年史》将其复制，作为插画保存下来，其中除了绘有"吹笛人"和孩子，还有三枝玫瑰、三头鹿、一只鹤。而且，从"吹笛人"穿的衣服由红白蓝黄四种颜色组成等特征来看，这个男子一定是拥有由这些图案、颜色组成的纹章的贵族。多伯廷使用家谱学、纹章学，寻找拥有这种纹章的贵族，结果推定画中所绘的"吹笛人"是尼古拉·冯·斯皮格伯格伯爵。

他认为尼古拉·冯·斯皮格伯格伯爵在 1284 年 6 月 26 日和 130 名哈默尔恩市民一起，为了寻找土地，从哈默尔恩出发前往波美拉尼亚方向。同年 7 月 8 日，一行人与其弟弟莫里茨、赫尔曼一起停留在什切青，7 月末乘汉萨寇格船（13 世纪汉萨商人使用的帆船。长约 29 米，宽 7 米，深 3 米，拥有 1—3 根桅杆，载重 140—300 吨，可乘坐 400 人，约需 40 名船员）经海路前往条顿骑士团地区总部，但中途遇难。据说，7 月 22 日，一位医院骑士团成员在达尔沃沃的科潘看到斯皮格伯格伯爵的船只，此后再无消息。

各地在制作文书时，有许多人作为证人在文件末尾署名。依据家谱学的论证便是据此认为署名之人在当地居住，之后再援引纹章学、姓氏学等研究，将该人名字出现的地区连成线，从中发现某种意义、关联。

尼古拉出生于哈默尔恩附近的科彭贝格，即斯皮格伯格伯爵领地，13世纪初期，父亲莫里茨一世被从这里赶出，居住在梅克伦堡。尼古拉和三位兄弟也在那里，不过1277年，父亲和尼古拉住在出生地旁边的劳恩施坦因，父亲在科彭贝格获得了6弗佛土地。同一年，尼古拉因攻击吕讷堡的盐矿、杀害两位市民而被起诉。他是这个时代弱小贵族的典型。

1281年，尼古拉在哈默尔恩旁边的文斯托夫，之后的1282年、1283年、1284年7月7日则可确认在波美拉尼亚公爵波吉斯拉夫那里。

1283年以后，波吉斯拉夫同勃兰登堡藩侯反复进行血亲复仇（Fehde），因此尼古拉大概是前去支援波吉斯拉夫。他在梅克伦堡建设斯皮格伯格城。1284年7月8日，尼古拉和兄弟莫里茨二世、赫尔曼在什切青，不过这是能够追溯的最后时期，之后尼古拉就没有出现在任何文件中。不过，他的兄弟返回了下萨克森。1285年9月，莫里茨二世在希尔德斯海姆，1288年4月和赫尔曼在文思托夫，住在科彭贝格。

除以上信息外，1284年前夕，哈默尔恩附近仅有3名伯爵，其他2人（阿尔伯特·冯·施瓦伦贝格、奥托·冯·埃弗斯坦）的名字之后仍有出现，不构成怀疑对象，而此后再无消息的尼古拉就成为疑问对象。而且，尼古拉及其兄弟是13世纪初期波美拉尼亚公爵手下唯一的德意志伯爵，从这一点看，被从故乡领地赶走的尼古拉等人有理由移民波美拉尼亚。

其他地方也有这样的例子，比如从希尔德斯海姆前往普鲁士的迪特里希·冯·德派纳乌，以及同样从威悉地区前往奥洛穆茨，再移民到普鲁士的迪特里希·斯泰格等。

于是可以推测，尼古拉在1284年初将弟弟赫尔曼留在波美拉尼亚，自己回到哈默尔恩，在成为问题点的6月26日和弟弟莫里茨二世一起，带着130名哈默尔恩市民前往波美拉尼亚。波美拉尼亚公爵和勃兰登堡藩侯之间的战争经国王鲁道夫·冯·哈布斯堡的调停而暂停，经由勃兰登堡的道路重开，在此期间他们必须一举完成移民。

多伯廷指出哈默尔恩市议会成员在1284—1288年大幅减少，以此作为支持这种推论的事实。在此期间，有11名成员退出市议会，对比1282—1284年的1人，1288—1291年的4人，这个数字确实很高。从1284年以后的档案中消失的市议会成员中，有8人可以查到一些其他信息，他们全都是青壮年。而且，大部分在"孩子们失踪"前三天还是市议会成员。多伯廷从这些事实推断，名字消失了的市议员和130个孩子、尼古拉·冯·斯皮格伯格伯爵一起，踏上了经波美拉尼亚前往普鲁士的旅程。

在这种关联之下，他认为添加在"吹笛人传说"后面的"捕鼠人的复仇"是围绕土地而出现的骑士与市议会对立的结果，而"返回的失明孩子与哑巴孩子"的故事源自寻找尼古拉并最终回到哈默尔恩的莫里茨二世和赫尔曼。

但是，就像之后还会再次讨论的那样，捕鼠人的故事在16世纪才首次进入故事中，无论如何，这两部分故事的论证，都必须考虑16世纪哈默尔恩市内的各种状况，特别是市议会与一般民众的对立。多伯廷上述论断不仅超出基于同时代史料的中世纪史料讨论的框架，而且已经成为关于传说变化的问题，而非这则传说的背景了。

多伯廷基于家谱学的研究也有几个重大缺陷。一是所有的联系都是以该人物于特定时点（1284年）在特定场所（比如在不在哈默尔恩）的方式论证的。证明尼古拉·冯·斯皮格伯格是带走哈默尔恩市孩子（实际上是市民）的吹笛人的同时代史料证据，仅仅是1284年以后他的名字没有出现在任何文书中，以及他有移民东德的想法而已。

集市教堂的彩绘玻璃上的图像仅存16世纪的复制品，从其中绘有老鼠来看，复制的时候加了很多创造，不能将它整个作为同时代史料对待。如果其中描绘的男子是斯皮格伯格伯爵，那么这个传说在16世纪应该还不是谜。移民东方的途中遇难的例子并不少见，因此尼古拉遇难时一定也是那样流传的。

而且，8名市议员的名字确实在1284年6月23日的市内文件中出现，所以他们那天确实在任，但是并没有直接或间接的证据证明他们在 26 日辞职。显示他们不在职的下一条史料是 1288 年 12 月 18 日的文件。

与此相关，一位评论人批评多伯廷的假说，认为拥有市议员地位的人应该不会奔赴危险且条件艰苦的东方。对此多伯廷回应称，东向移民中也有贵族参与，这件事本身并非错误。但是，贵族东向移民往往是他们在本国的地位受到威胁时，而且那也是例外（关于这一点，参照拙著《德意志中世纪后期的世界》）。因此，我们必须清楚此时哈默尔恩市议员的地位有没有这样的问题。13 世纪末期，这里确实出现拥有市议员资格的手工业者被排除出去的事情。但是多伯廷列举的是屈指可数的大家族的市议员，并非手工业者阶层。而且就算是手工业者进入市议会，那也是该行会中最富裕的人。

更具决定性的是孩子们（pueri）和他们母亲的问题。多伯廷虽然只说 pueri 这个词指"出生在这个镇上的人"，但在包括市议员在内的市民阶层移民时，中世纪史料中以目前所描述的方式展现了母亲们的悲伤。这则传说的原型大概还是以孩子为主人公、在庶民之间传播的传说。正因为如此，它没有留下正式的记录，只是由写在书页空白处的记载而勉强流传到了后世。即便背景是统治者之间的斗争，它也是从作为受害者的普通民众的立场观察该事件，并不断讲述下去。

多伯廷的论证，虽然在人员关系上有丰富的证据，但是连接各个事实的理论极其薄弱。那里缺乏维恩研究天马行空的、使读者不自觉就被吸引进去的魅力。这是多伯廷的传说研究方式所带来的问题。

所谓传说，对于民众来说，就是自身的历史本身，因此它源自事实。在这一点上，传说与童话有本质不同，"传说原本是农民的历史叙述"（乔治·伯格）。最初只是单纯历史事件的事情转化成了数个传说。在转化时，这种最初的事实被彻底放入将其作为传说来传播的庶民的思维框架中看待、评价。在此过程中，刚刚出现的传说被嵌入一个模式之中。这个过程本身才是问题，如此不断变化的传说在各个时期的模式，展现了各个时代庶民的思维世界。我们穿过这些思维世界，遇见最初的事实时，该传说或许就能被破译。

但是这相当困难。因为在觉得可以破解时，留意一下会发现，我们或许正在我们的时代环境中以"学问"的形式塑造新的传说类型。因为就像维恩的研究所显示的，传说是民众和世界联系的羁绊，而学问是我们和世界联系的表现，这里没有本质差别。

不过如果仅是这样也还好。麻烦的是多伯廷那样的态度，不想亲身走过传说形成和变化的过程，而是想要突然破解最初的事实。最初的事实本身或许不起眼。虽然不是什么大事，但当它深深刺入各个时期人们的内心并沉淀下来时，就被当作传说不断传承。

考虑到传说的这种特质，我们必须离开从东向移民中寻找这则传说的历史背景，再次回到哈默尔恩市民身边。因为我怎么都无法相信这则传说的背景是东向移民这种在所有意义上都经过计划而行的事情。

第四章　经济繁荣背后的阴影

中世纪城市中的底层民众

维恩和多伯廷认为日耳曼人东扩是这则传说成立的历史背景，经我们分析后，两种理论明显都不能让人满意。不过，我们不能忽视这个时代的各种社会状况，即人们不得不离开住了几百年的故土，前往东方寻找住所。

前文中富尔达修道院和哈默尔恩教区修道院、明登主教和韦尔夫家族等围绕哈默尔恩市建设产生的争端，以及埃弗斯坦家族、斯皮格伯格伯爵等人的争斗，根底都是这个时代围绕地域控制权的竞争。在这个时候，过去错综复杂的人格支配关系在各种各样的竞争中被整理归纳，逐渐形成一元性统治圈。这通常被叫作"领地主权"（Landesherrschaft）。在其中形成的一元性领地，渐渐拥有和现在国家领土相同的意义。因此，甚至有些学者将领地主权的建立视作近代国家的起点。

这种一元性统治权的建立当然不是顺顺利利没有遭遇抵抗的。领地主权在各地贯彻之际，地方骑士和监护等阶层的一些人无法保持过去的地位，最终被排除出去。他们很早就察觉到自身的这种危险，苛刻地榨取农民，谋求增加收益。在此危机感下，骑士之间也出现了激烈的私人争斗，杀人变成日常之事。我们大概会想起尼古拉·冯·斯皮格伯格对吕讷堡盐矿的袭击。

知道无法阻止自己在本国社会地位的衰落，一些骑士也会为了维持或提高地位而移民到东方的新天地。13世纪初期，在哈默尔恩所归属的明登主教区，监护对农民的掠夺也已经很严重，主教时常抱怨。据说这种掠夺导致明登教会控制的农民无法交出税额，逃亡不绝。农民逃亡的首选目的地都是近处的城市。

但是，土地狭窄、手工业也不算发达的城市并没有养活很多人的余裕。这些底层民众遍布市区，加剧了市内的社会性不安。因为如前文所述，逃离农村进入城市的底层民众大部分无法获得市民权，所以他们虽然住在城市里，但形成了被城市共同体排斥的贱民集团。这个阶层如果占市内人口很大比例的话会怎么样？这些没有市民权的城市底层民众的生活是什么状态？这些问题让人忍不住要思考。

可是，正是对于这群底层民众，过去的历史学几乎不研究，而且史料极其稀少，仅靠哈默尔恩的史料不足以描述实情。因此，我们必须选择新的方式，在德国全域探查底层民众的生活状态。

众所周知，中世纪社会是身份制社会，因此一般生下来是贵族的人，死的时候也是贵族，而生而为乞丐的人大体上也是以乞丐的身份死去。换句话说，这是一个天生的身份、地位不能通过金钱或财力改变的坚固体制。更准确地说，在中世纪社会，金钱还没有到达像现在这样发挥巨大社会魔力的阶段。然而，12、13 世纪欧洲各地簇生的城市将另一种生活方式引入这种中世纪社会中。因为推动中世纪城市建设、占据中心地位的正是靠商业积累财富的商人阶层。换句话说，中世纪城市是中世纪社会中金钱、财富最初发挥效力的地方。虽说如此，通行于中世纪城市中的法律原则尚未与中世纪社会中的完全不同，身份制以及基于此的道德所构成的秩序本质上也没有太大差别，因此在中世纪城市中，身份制原则和金钱、财力的原则之间冲突不断，从一旁看是相当有意思的好戏。在这两种原则相互冲突时，有些人脱离了任何一种原则。他们就是中世纪城市中的底层民众。他们在身份制原则慢慢衰退下去时一点点解放出来，但是金钱、财富的原则又以数倍之力威胁、压迫他们，让他们几乎喘不过气来。他们的这种状态实际上持续到了 19 世纪中期。

那么，城市底层民众具体指什么样的人呢？一般来说，是经济上不能独立，在城市内部最贫困的阶层。因此，虽然其中绝对多数是没有市民权的人，但也有拥有市民权的手工业者和没落的市民。就分类而言，则有从事商业和手工业的匠人（Geselle）、学徒（Lehrling）、奴仆、雇佣工人、日结工人、妇女、贫民、乞丐、贱民等。推算这些底层民众占城市人口多大比例十分困难。"贫民一旦死去，（关于这个人的）一切都一起消失了。他的一生暗淡无光，死后也因忘却而黑暗一片。"任何时代，死后留下财产、传记等的都是有权者，那些贫民过着勉强养活自己的短暂一生，虽应该也是无可替代的一生，然而某天倒下后就被送到悲田院，名姓不详地被埋葬。

不过，像海德堡大学马施克教授这样的优秀学者尝试通过一切手段推算上述比例。根据马施克教授的研究，在1380年的吕贝克，底层民众占人口的42%，在奥格斯堡则占三分之一。当然很难认为这些数字是确切的，不过一般来说，我们取最小值，认为底层民众占各城市人口20%左右大概没问题。

在商人手下当差跑腿的人是底层民众中比较幸运的人。在科隆，他们拥有市民权，其中也有人辛勤劳动，积攒工钱，投资主人的买卖并成为富翁。在中世纪社会中，赚钱的唯一机会是商业，除了与它有些关系的跑腿人，手工业中的工匠、学徒、日结工人的生活都很凄惨。行会的人员构成是师傅／工匠／学徒，只有师傅是行会的正式成员。工匠和学徒的工钱由师傅和市议会决定，在经济上完全依附于师傅。有例子显示，扣除伙食费后他们的工资只剩五六成。15世纪末，纽伦堡日结的建筑工人的薪水在上午支付，因为他们

洗衣女工

　　在回家吃午饭时要把它交给老婆，这样才能准备晚饭。

　　成为学徒时，就必须要给师傅缴纳一笔钱作为一种保证金。在1292年的吕讷堡，成为制鞋师傅的学徒要缴纳12马克，不过如果认真工作，两年后这笔钱会退回。学徒不仅在经济上隶属于师傅和市政当局，而且被各种各样的规则束缚。学徒在晚上不得在师傅家以外的地方留宿，而且不得结婚。后来，师傅的数量受到限定，因此有很多人终其一生都只能是工匠。15世纪末，埃尔福特的木工行会招收90名学徒，但为师傅工作很久之后，只有10人成为师傅。而且

男女仆人（女仆和厨师）

其中的第 10 名是在学徒 28 年后才终于升为师傅。这种制度成为极不人道的束缚。因为是年轻人，自然就有打破规则而结婚的人。于是，还是学徒时结婚等行为就被看作偷懒的证据，成为师傅的道路就变得远不可期。如果是师傅的儿子，就能凭着父亲的权势获得市民权，成为师傅以及加入行会的大门也为之敞开，但是如果没有这么厉害的关系，获得市民权并成为师傅就需要花很多钱。1441 年，哈塞尔的市议会控诉该市加入行会的费用太高，这样下去就没有人想要定居哈塞尔了。加入行会时必须要支付该行会在教堂中的蜡烛费、款待所有师傅某些道菜品的师傅招待宴会、市民加盟费、拥有规定最低限额财产的证明等，除此之外还必须要有独立的灶台以及房屋。一般来说，成为师傅时要提交代表作作为判断资格的作品，获得成为师傅的资格，不过常常也可以成为师傅之后再提交。不管什么时代，比起工作的内容，该人在所属社会、群体中能否维持既存秩序才是最被重视的事情。

于是，无权无钱的大部分工匠和学徒，断绝了提高社会地位的希冀，只能在吃喝和赌博中寻找人生意义，据说不少人甚至赌到衣服都输掉了。不过也有人虽然置身这种社会，但熬肠刮肚地攒下工钱，在同伴赌博时也不参与，换句话说，忍住私欲和社会惯习而攒钱。这种人偷偷盗用师傅的材料制作物品，在黑市售卖赚些小钱，抓住社会地位上升的机遇。另外，脑子聪明的人会瞄准师傅的女儿。如果和她们结婚，就可以免费获得市民权以及加入行会权。许多手工业者都走上这条简单的道路，师傅的女儿自然就不够了。于是，寡妇成为目标。人们说"能得到师傅的遗孀，就也能得到作坊"。根据马施克教授的调查，14世纪这种例子极其多见。1358—1400年，免费获得市民权的人中有85.5%都是通过此类婚姻实现的。

被称为奴仆的阶层比这些学徒的生存条件更恶劣。他们在主人家工作，在那里吃饭，此外也有一些工资，不过必须是单身才勉强过得去。这些人到达一定年纪，想要维持独立生计时就成了城市里最贫穷的阶层。特别是女性，在养育孩子时十分悲惨。她们在各个商人、手工业者下面做些辅助劳动或跑腿、帮忙之类的活，勉强维持生计，但如果没有其他援助几乎无法生存下去。底层民众中，这种妇女占的比例最多。

贱民／没有名誉的人们

在这些底层民众中，最受歧视的是贱民阶层。所谓贱民，是没有名誉的人，主要是刽子手、掘墓人、剥皮人、捕快、狱吏、澡堂老板、（部分地区的）亚麻布织工、流浪艺人、牧师的儿子、庶子等。这些身份的人们正是因为其出身和职业而被社会歧视，也被教会团体、市民团体排除在外，没有任何权利。1455 年，法兰克福（美因河畔）某个织工和贱民的女儿结婚时，行会就要开除他。市议会表示反对，最后以该女性不得出席节日庆典时的行会聚会为条件而予以承认。像这样，贱民被排除在作为市镇核心仪式的节日之外，也不能参加节日最高潮的舞蹈。1384 年，奥格斯堡市议会规定了奴仆可以跳舞的地点和时间，但这反而证明了贱民的地位。

如我们体验的那样，节日是不分尊卑地发泄日常的忧虑，以原始方式将日常被压抑的本能痛痛快快地发泄出来的仪式，然而中世纪城市中有很多人无法参加。反过来说，通过能不能参加节日，我们就能知道该人在市镇中的大概地位。

另一种象征是服饰。前文已述，在中世纪的身份制社会中，特定的服饰是地位的标志。不仅神职人员和犹太人有独有的服装，诸侯、骑士、商人也都竞相穿着能炫耀自己身份的独特华服。这样一来，因为过于惹人注目，城市或邦国君主甚至会发布限制服饰的法令。因此，1462 年，奥格斯堡市议员乌尔里希·迪特里希贪污市内公共财产时没有被市政府流放，反而被禁止穿戴黑貂皮、丝绸、天鹅绒、金、银等材质的服装和饰品，这些在此前是其身份的象征。对他来说，这是比流放更严重的刑罚。

贱民身份的女性禁止佩戴珊瑚项链等贵重品，有时候还必须在衣服上加上特别标志。这种规定自然也适用于工匠和学徒，但在涉及这些底层民众时几乎都是不得穿戴某某的负面表述。比如，禁止在脖子上带银锁、禁止斗篷上使用银制的别针等。1465 年，斯特拉斯堡规定，三人以上的奴仆不得穿戴同样的圆帽子、上衣、裤子或其他标志。马施克教授解释说，这是为了防止她们因为穿同样的衣服而产生同伴、集体意识或者行动（这个限制服装的法令一直到法国大革命时期才被废止）。

从这些事情我们也能窥见，市政府单方面将污名加诸学徒、奴仆等底层民众，认为他们很可怕。实际上，后来工匠结成工匠行会，和行会中的师傅及市政府发生激烈冲突。早在 1253 年，莱茵同盟为了紧急确保城市内部和平，从拥有5 马克以上财产的所有市民手中征收 1 芬尼的捐赠交给贫民。公告的文件上说："于是，为了确保和平的事业……"对于莱茵同盟来说，底层民众也不可小觑。

不仅工匠，乞丐也结成了行会。乞丐的身份在中世纪基督教社会是正面的，而非现代这样是负面的，人们对其敬而远之。根据马施克教授的说法，和贫民不一样，乞丐被认为是一种职业，必须要具备专门性的职业知识，以使用所有伎俩博取同情为业。看一看博斯的《乞丐的各种伎俩》，就会同意乞讨简直是令人钦佩的"艺术"，需要很辛苦的努力和才能。在这里，我们或可一窥"庶民的生机"等简单轻松的词语根本无法说明的、中世纪底层民众生活的断面。与之相对，贫民则是因为没有生计之资而不情愿地忍耐贫困的人，是暂时性状态。

在这种社会中，所有身份的人都像这样被分作各个阶层，安置在高低清晰的框架中，因此各个身份内部必须横向联系。结果除了熟知的铁匠、木工、鞋匠、面包师等行会以外，也出现了经济史教材中几乎不会出现的乞丐行会、瘸子行会、盲人行会、麻风病人行会、白痴行会、妓女行会等。在巴黎，乞丐行会中有乞丐之王（Roi Pétaud），而在日内瓦，妓女行会中也有女王。

除了麻风病人外，这些阶层几乎都是在城市内部结成行会，因此中世纪城市的居民在经营自己的生计时，这些人

获得施舍物品的乞丐（1507）

在帐篷前跳舞的乞丐们（老勃鲁盖尔）

通常都是在他们眼前活动。无论什么世间都会有白痴、有妓女；无论是谁都有可能成为乞丐，成为盲人、瘸子。因此，中世纪城市的居民并不像现在这样，把那些命运悲惨的人视为毫不相干的他人而隔离，而是在自己目之所及的地方施以援手。中世纪城市中没有"回归社会"（rehabilitation）的概念。包括贫民、麻风病人、乞丐、盲人、妓女等的多样人群构建起来的生活空间就是社会本身。

这里也必须补充一下病人的事情。与我们一样，这个时代没有财产的底层民众最担心的事情就是生病与死亡。去世需要安葬费，而即便是有些储蓄的人，一旦生病也会花费殆尽。城市的医院原则上只允许拥有市民权的人进入，底层民众没法进医院。那里只是出于宗教、道德方面的观念收容被挑选出来的少数几人而已。中世纪城市中大抵有一所医院。在哈默尔恩，教区修道院救助病人及部分穷人，不过因为财政基础不足，后来也必须求助市政府。结果，市政府最终创立了圣灵兄弟团作为看护团体。此外，13世纪以后，哈默尔恩也出现了贝居安会院，收留陷入贫困的市民及其亲属。这种奉献事业是世俗之人的宗教活动。贝居安会院的入会资格是40岁以上的妇女，她们在此祷告、劳动、照顾病人等。在14世纪以后人口增长的压力之下，无法结婚、无法经营独立家业的妇女增多，这项事业也是对此的救济政策。在这些方面，市民之间出现了某种程度上的横向联结并发展成组织。

乞丐的各种伎俩（博斯）

不过，没有市民权的人基本上没有这种幸运，因此匠人也只能通过行会互相帮扶。匠人生病时，只有极少地方规定师傅必须照看，所以行会首先建立了相互扶助的制度，其范围扩及丧葬费用。据说这些匠人行会已经是 15 世纪健康保险、生命保险的起点。

　　如上文简述，在中世纪城市中，过去的身份制限制残存，与之相反，基于金钱、财富的原则又贯穿其中，因此一方面产生积攒了莫大财富的上层市民，另一方面底层民众的生活越来越艰苦。城市通货膨胀严重，1459 年奥格斯堡有人抱怨说工资未变，但是过去 1 芬尼的面包现在价格已经涨了 10 倍。据说一天工资 10 芬尼左右的贫民连面包都买不起了。这样，富人和穷人构成城市社会中鲜明的对比。因此在中世纪城市中，我们一般使用"富人和穷人"的表述代替"所有人"这个说法。

　　这个时候许多房子已经成为租赁住宅，富人开始住在石造的房子里，而贫民的房屋则很狭小。大部分底层民众都住在见不到光的地下室，在吕贝克，据说这种比例在 1532 年达到了 13%。我们不应该忘掉在汉萨同盟盟主城市吕贝克的光芒之下是这样的生活场景。现在欧洲也还有很多地下室住宅。住在那里，高高的窗户外穿过铁栅栏就是道路，住户经常是看着别人的脚步或者猫的身影生活。像学生一样拥有潜在未来的精英住在阁楼里。他们透过小小的窗户看见的是各家的屋顶和蓝天，但住在地下室的话，只有零星的阳光越过路人的脚步进入屋内。

在如此生活的底层民众之中，品尝到最深痛苦的人是谁呢？

受苦的寡妇和孩子们

不用说，是无依无靠的女性，特别是要照顾孩子的寡妇和未婚母亲。中世纪社会中，成年女性相比男性会更多。从人头税账本等资料看，如果男性是 1000 人，则 1385 年的法兰克福有 1100 名成年女性，1449 年的纽伦堡是 1207 人，1454 年的巴塞尔也达到 1246 人。当时战乱不已，很多成年男性死亡，占人口很大比例的神职人员也独身，因此无法结婚的成年女性数量极大。其结果是未婚母亲和寡妇的数量都超出了想象。

因为没有市民权，她们自然不能成为师傅，甚至连学徒，以及被认为是贱民职位的刽子手、狱吏、剥皮人等工作也都不能做。她们不是像上述贱民那样因为职业、身份的缘故而被人歧视，她们的存在本身就已经无法从这个社会中获得任何正面地位了。

她们失去配偶，因此被身份制原则驱逐；她们没有财产、工作机会被剥夺，因此被金钱原则驱逐。正因如此，她们被算作贱民。当然，像吕贝克这样的城镇早在 13 世纪就有规定，因为妇女占人口比重很大，所以寡妇也可以加入行会。但是这种规定是例外。除了巴黎和科隆那样的城市，绝大部分城市的行会禁止妇女劳动。

众所周知，不只底层妇女，中世纪妇女的地位一般都非常低。从妇女的法律地位来看，中世纪社会中的妇女并非完全自由，也不具有法律人格。因此，她们无法出现在公共生活之中。12世纪的法国政治家中，确实存在有才干的女性，不过那是特例。而且，人们认为中世纪的骑士精神会怜惜妇女，她们也被描述为奢华、细腻，一看到粗暴行为就立刻昏倒的可怜女子，然而这自然不是事实。如文化史学家布勒所说，为耀眼的骑士比赛或典礼锦上添花的高贵夫人，与比赛后和骑士在家一起生活的夫人不是同一个人，那些高贵的夫人只是骑士们恋爱游戏的对象。即便王侯、贵族也会殴打妇女，教会也会屡次认定女性地位低下，据说女巫就是因为性别［而遭迫害］。为骑术比赛添彩的妇女，到中世纪后期变成仅仅是装饰品而已，她们在教会也好，在家庭内部也好都不再有发言权。甚至妇女的名誉都是丈夫的所有物，维尔茨胡特地区的判决档案中，丈夫被课罚金但无力支付时可以用妻子的贞操代偿。

社会身份高的妇女实际情况是这样，那些在法律、经济上都处于最低位置的底层妇女，特别是寡妇的地位就更难以想象了，而且她们的人数还意外地多。1429年的巴塞尔租税账本中，这些妇女都被归到"所有未加入行会的人"一栏。巴塞尔最穷的摘葡萄工行会中有36%的成员仅有区区

10荷兰盾的财产，而记录在这份账本最末栏的人的税额，在没有加入行会的人（但是经营独立家业）的全体税额中达到了60%。而且，没有加入行会的全部484人中妇女占了60%。

她们从事没有结成行会的各式工种，大部分都是日结工作，特别是以毛纺织业等行业的杂活维持生计。1475年，维斯马有577间房屋、1278间简易房、177间地下室、19间可称作地下简易房的房子，但妇女（寡妇）占全体人中的7.8%，这些妇女中多达26.2%住在简易房和地下室中。从哈默尔恩创立贝居安会来看，也可以想象那里有特别多这样的妇女。

这些女性衣着褴褛，在同辈女性等人或是炫耀或是埋怨各自丈夫的闲话中俯身坚毅地穿过，她们忍受着男人们好色的眼神，一生的期待只放在孩子的成长之上。她们要用什么样的心态，承受那让人觉得永远持续的昼与夜的交替呢？

即便是日结劳工的妻子，也是用丈夫回来吃午饭时带回的工钱准备晚饭。失去丈夫后，他们想的一直都只是下一顿的饭钱从哪里弄来吧。如果早上有汤或简单的一片面包，可能的话中午有粥，只要健康的话，他们大概就会满足地盖着白天的衣服睡在麦秆床上。等到天黑，必须工作的白天就又要来了。

不过，德国中世纪城市的日常生活并不像日本现在一样，工作忙到团团转。她们只要有工作就会很高兴地去做，但实际上很难有工作。奥地利历史学家黑尔甚至认为，中世纪后期德国城市的衰退就是因为这些规模庞大的劳动力被男性驱逐了。商业发达的大城市有许多打下手的工作，但是在哈默尔恩这样的小城市，找到工作就已经是大事情，是屈辱的体验了。因此，这些贫民大多都靠同伴施舍度日。

同样，在15世纪的下萨克森地区，规模和哈默尔恩差不太多的哥廷根市每年举行三次节日，据说聚集到此获得施舍的贫民，以及市外来的人一共有3000人。15世纪中叶也有1600多人的记录，考虑到当时市的人口数，这个数字特别巨大。全市人口大约三分之一是贫民。而且，其中多数是必须作为劳动妇女、一手支撑家庭的寡妇和未婚母亲。

况且如前文所述，底层妇女也不能参加节日中的舞会。在同辈的男男女女打扮得光鲜亮丽，有说有笑，举镇欢庆的热闹最高潮时，她们却仅为求得施舍而东奔西跑，耳边的舞蹈声仿佛远在天边。这些人好几个世纪都过着在社会、经济以及精神上被歧视的生活。

可能成为她们唯一希望的孩子的未来也完全无望。孩子在出生的瞬间已经处于生命的危险之中。据说因为堕胎而未见太阳便偷偷埋葬的孩子非常多。1532年，卡尔五世颁布的德国最早的刑法典《加洛林刑法典》第35、36项禁止堕胎，违反者将被处以拷打及死刑。在苏黎世，杀害孩子也会被处溺死。也有地方会执行将人放在草席上活埋的处罚。从这些刑法内容的严厉程度可以想象，被偷偷埋葬的小孩肯定不少。即便平安生下来，养育大的孩子也不多，生20个孩

孩子成堆的夫妻（奥格斯堡，1539）

子，也只剩一到两个可以活下去，不幸的夫妇很多。

纽伦堡市议员康拉德·鲍姆加特纳得子 21 人，但在 1464 年去世时只有 5 个儿子和出嫁的 4 个女儿还在世。据说编写奥格斯堡编年史的布克哈特·钦克第一次婚姻有 9 个孩子，其中 6 人夭折，第二次结婚之后，他和情人而不是妻子生了 2 个孩子，但其中一个生下来即夭折。第三次婚姻中有 4 个孩子，但只有 2 个活了下来。这个例子不仅说明婴儿死亡率高，也表明母亲的死亡率很高。因产褥热而去世的母亲大概非常多。

因为不知道现在的这些避孕方法，当时的人都是多生，著名画家丢勒的父亲有多达 18 个孩子。查理四世皇帝有了瓦茨拉夫四世后，将和孩子体重相同的 16 马克黄金从纽伦

贫民的孩子（奥格斯堡，1539）

堡送到亚琛，但这是皇帝的做法。对于大多数人，特别是底层民众来说，新生婴儿是很大的经济负担。孩子快出生时必须要请产婆或附近的女性帮忙，生了之后还要找洗礼需要的赐名父母，支付神父洗礼的费用，以及诸如此类的开销。没有钱的人必须要从犹太人那里借钱，于是负债加重，很多人变得连房租都付不起。特别是在中世纪，洗礼不仅是家族内部的仪式，也是公共仪式，所以需要大笔开销。按照汉斯·福尔兹的说法，因为这样，没有足够金钱的人就应该放弃结婚。

总之，这个时代也是孩子十分艰苦的时代。富人的孩子也基本上是用粥、牛奶、面粉养大，据说萨克森地区的人很早就会喂孩子固体食物。而且，这时几乎没有给孩子的玩具，史料中能见到的最多也就是女孩子有人偶，男孩子有吹箭或骑士人偶、竹马、风车等。不过，小孩子没有玩具也可以玩。我们可以从伊斯雷尔·范·梅肯内姆的画中看到当时孩子在玩什么。

城市内的学龄儿童会去学校。他们在那里学习成为手工业者必需的读写计算。学校教师的工资一部分由市政府提供，另外则由学生每月的学费支付，不过整体来看非常低。在法兰克福，教师的工资和一位佣兵的相当，不过对贫穷的家庭来说学费无疑仍是很大的负担。1350 年，弗罗茨瓦夫的学费是每 3 个月给校长 2 荷兰盾、每周给助手 1 第纳里乌斯。助手每周一收学费，每三个月的休假也各收 1 第纳里乌斯。从嘉露利（10 月 16 日）到沃普尔吉斯（5 月 1 日），学生需要带来木柴，在弥撒和后文讲到的游行（Procession）时也必须带蜡烛。城市底层民众大概负担不起，所以他们的孩子不去学校。

此外，中世纪的哈默尔恩也没有孤儿院或儿童福利院（Findelhaus）的记录。德国最古老的孤儿院在特里尔（7 世纪），之后在弗赖堡、乌尔姆也相继出现。至于儿童福利院，1331 年在法兰克福、1473 年在埃斯林根首次出现。不过，孤儿、弃婴自然不少。像埃斯林根这样的小城市在 16 世纪也有 40—60 名弃婴，乌尔姆市这时收养了 200 名孤儿。在没有这种机构的城市，孤儿、弃婴无疑要靠城市居民施舍，必须过着乞讨的生活。而占城市人口相当大比例的底层民众

打闹的学生（汉斯·伯格玛）

的孩子，过的生活和前者应该没有实质差别。

关于底层民众子女的史料几乎没有，描绘出他们的具体形象非常难，不过关于城市上层市民及贵族的子女则留下了很多文献或处世格言似的东西，能够在某种程度上描绘出其日常生活的样貌。贵族子女教育上自然和城市市民子女不一样，较之读写计算，他们的重点是传统社交游戏、乐器演奏、狩猎和骑马、武术等，而且是在宫廷服务时掌握而非去学校。

但是，上层市民子女的教育在初级阶段和普通民众子女在本质上一样。根据1441年雷根斯堡的史料，学生在郊游时要自己取榛树枝，制作用来打自己的教鞭。受惩罚的学生在其他学生的欢呼声中被绑在柱子上鞭打。文化史学家阿尔

学校的教师

文·舒尔茨认为这是典型的例子，不过惩罚一般都非常严厉。与教师一方的严厉惩罚相对，学生也很胡作非为。

比如，在伯格玛的《打闹的学生》中，书本被撕坏散落在地，一个学生甩着书包，一个学生挥舞着笔盒，还有人把石板当作武器。不过，更有名的大概是低地国家画家老彼得·勃鲁盖尔的《学校的驴子》。这幅版画描绘了各种奇妙姿势的学生，每个人手里仍然都拿着书本或文章。不过，他

学校的驴子（勃鲁盖尔）

们的脸连外行人看也会觉得奇怪。我怎么看都只觉得那是世故的老人的脸。这幅版画的主题大概就是在讽刺成人世界。

除此之外，勃鲁盖尔还有一幅画叫《儿童游戏》，其中的孩子确实有婴儿肥的脸。但是他们的眼神和表情与现在电视广告中的孩子的完全不同。仔细盯着看会发现，它描绘了朴实的孩子世界，能让人感受到一种不可名状的无法排解的可怜。那些人的确是孩子，不过这种孩童状态和现在的大概相差千里。

现在的孩子从父母、社会机构处获得作为孩子的领域，在那里扮演外界指示、规定的孩子状态，据此得到可爱、成熟等评价，自身也得到保障、确保，但是在中世纪及勃鲁盖尔的时代，他们并没有像现在这样从外界和社会机构处获得孩子的领域。孩子的游戏、娱乐，都必须靠自己在大人的世界中抢。他们在家庭也好，在学校也好，在路上玩耍也好，都被毫无体谅地扔进大人组成的社会整体中。

勃鲁盖尔在《农民的婚礼》左下方描绘的孩子，穿着和大人同样的衣服，戴着把眼睛都盖住的大帽子。在题为《雪中猎人》的名作中，站在篝火旁的孩子也展现出坚毅的样子。孩子在这个时代是"小男子汉"，父亲去世后立即成为一家之主、一族之长，女孩8岁时就已经出嫁了。总之，中世纪是对孩子非常艰难的时代。绘画、版画中所见的孩子的眼神和表情不正讲述着这一点吗？

与大人一样，处于恶劣条件中的孩子，在大人舍弃故乡奔赴东方、被迫逃向城市、因饥馑和贫困而失去空闲等生活重压下喘息，这份苦痛已经超过小小的脑袋和身体能忍受的程度，必须要在"忘我的世界"中通过舞蹈释放出来吧。而这只有要一点点契机就够了。

儿童十字军、舞蹈行进、游行

中世纪的孩子在毫无保护的状态下被扔到严酷的社会、自然环境中，在无法忍耐重压时经常做出现代人难以理解的行为。其中最有名的大概就是"儿童十字军"。

1212年5月，法国奥尔良库劳地区的放羊少年斯蒂芬出现在圣但尼圣殿的国王腓力二世（1165—1223）面前说："我在放羊的时候，耶稣出现，教导我加入十字军。"国王置之不理，但少年开始宣传，不久就聚集了数千少男少女。年轻的牧师和年长的朝圣者也加入其中，据当时人的夸张说法，"其数达三万人"。他们行军至马赛，在那里坐上两位商人的运输船，此后不知所踪（参见第73页的地图）。在13世纪很爱夸张的三泉隐修院的阿尔贝里希笔下，这些孩子在非洲沿岸被卖为奴隶。这未必不可能。

同样是1212年，德国也出现了儿童十字军。科隆的10岁少年尼古拉自称摩西，开始宣传十字军远征，聚集了许多少男少女。他们分为两队，穿过阿尔卑斯山南下，同年8月抵达热那亚。根据热那亚的编年史作者所记，他们有数千人，除了少男少女也有成年男女。后者大概是照顾孩子的父母等人。很多孩子在热那亚离开队伍，但剩下的人因没有钱而无法乘船，在热那亚政府命其退回时沿陆路返回，经安科纳到达布林迪西。因为尼古拉并没有如先前承诺的那样，使海在热那亚或比萨分成两半、显现出道路。据说主教因此说服了他们，令其回国，儿童十字军远征失败（参照第77页的地图）。

人们询问返回故乡的孩子们当时究竟想做什么，据说有个孩子回答说："我自己也不清楚。"

"解释"这种现象的方法大概有很多。不过无须多言的是，这个时代孩子的社会地位、心理状态通常一定位于解释的根底之中。

在哈默尔恩附近的埃尔福特，1237 年也有许多孩子（当时夸张的说法是 1000 人）一边唱着"使徒就是受遣"，一边忘我地跳着前进，在极度疲劳困倦之后倒在 14 公里以外的阿恩施塔特。据说，父母们接到阿恩施塔特的消息后赶过去用车将他们载回来。关于这一事件的背景，除马丁·维拉的研究外完全没人处理，不能说彻底弄清楚了，不过早在 1232 年，埃尔福特就有 4 人因异端思想而被烧死。1235 年，住在图林根的著名的伊丽莎白（1207—1231）因虔诚的信仰和对穷人的救济而被封圣，翌年她的遗体被放在祭坛上祭祀。这一连串事件被认为是直接的起因。在一种异样的宗教狂热中，伊丽莎白被封圣的庆祝会持续了十天之久。

有一点小事也会兴奋的图林根人，寄托在伊丽莎白身上的敬慕之情令人惊讶，因此其兴奋的激烈程度也超出人们的想象。据说有人把她的乳房切掉作为圣物保存。不用说，这种兴奋也会感染孩子，但是我们一定要注意，这种宗教激情的最深处是时人特别是一般民众抑郁暗淡的生活和深深的疲劳。

少男少女十字军、埃尔福特的孩子的舞蹈游行及最终的疲劳状态，在当时的社会中都不是特别奇怪的事情。这些记录在历史书中因而也被我们知道的事情，背后是城市、农村

乡村节日（丹尼尔·霍普瑟）

每年多次举办的节日，它们是一年里的例行活动。

中世纪的节日多到我们今天难以想象，其形态本质上是"游行"。不用说，游行本来就是教会的习惯。各城市、地区的称呼和日期虽不同，但不管哪个城市，主教堂的献堂节都是盛大的节日，邻近地区都会有人来。人们聚集一起，连续进行数日的各种娱乐活动。村庄教堂的献堂节也是村里人最大的娱乐。他们一般立起五朔柱（Maibaum），围着它跳舞。14、15世纪，商人从各地汇集而来，支起摊位。较之原本前往教堂进行宗教活动，人们现在大部分时候是为了舞蹈的欢乐而汇集过来，也有人带着武器、大鼓，简直像出战一样闹哄哄的。实际上，这个时代集体斗殴从未断绝，年轻人回家时总是被打得满头是血。

在法兰克福，5月25日是守护葡萄的圣人乌尔巴诺的纪念日，这一天，参与人员竖起用花、叶装饰的圣人画像，配合着热闹的音乐沿路游行。在以基督圣体圣血节及法兰克福大洪水（1342）为起因而举行的抹大拉的马利亚节上，据说游行也非常盛大。现在信奉天主教的各国还举行基督圣体圣血节游行，除了这种成为教会节日的节庆外还有临时节日，那些也可以说主要就是游行。

举行本弥撒和歌弥撒的日子，人们上午暂停工作、停止买卖并前往教堂。特殊弥撒的主要形式也是游行，人们举着蜡烛在城区中前进。它本来是为了驱除各种不幸和战争、灾害、瘟疫而进行的祈祷仪式，所以也被称作感恩节，当时举行得特别频繁。据说15世纪的法兰克福一年举行了12次。不用说，葬礼仪式也是盛大的队列游行。

此外，人们也常常自发朝圣。14世纪时它被称作苦路，在15世纪也被称作圣遗物朝圣。也有人以疾病和恶劣气候带来的歉收、战争及不幸事情为契机而朝圣，路线基本上都是定好的。前文已述，哈默尔恩也有前往卡尔瓦略小礼拜堂的苦路。

不过，节日本来就是从老百姓的生活节奏中产生的事物，在哪里都是这样。日耳曼民族是游牧民族，在开始农耕生活后，以放牧为中心的夏冬季节转换依然构成当时生活的重要节奏。

将家畜放到野外的仪式是一年的开始。根据天气等条件，氏族之间决定什么时候进行这项仪式，为此人们召开"三月原野集会"。大家都汇聚在此，一起吃饭，讨论、裁决各种问题。不久，这个时间也出现了市场，变成年初的大型节日。节日的时间根据气候而变化，因此阿尔卑斯山以南在2月末就已经举行，而更北的各国是在3月、5月、6月举行，瑞典等地则在夏至日举行。

冬天的开始也是生活的重要事件，家畜从夏季牧场回来，战士带回猎物，家庭主妇收拾收获的成果。冬天的饲料不足，所以不能让所有牲畜都过冬。为了确保冬天的食粮供应，也必须要宰杀大量牲畜。人们此时准备佳肴，庆祝收获，应对有足够肉食可以吃的冬天。这一天的日期也不能确定，不过有的地方根据橡树果子这种猪粮是否已经结得足够来确定。查理大帝的皇室土地令第25条就是："关于养猪食料的橡果，庄园主应在9月1日上报其有无。"（上原专禄，《德国中世纪的社会和经济》，第200页）接到这一天橡树果实数量的报告后，他们决定应该宰杀的家畜数量。这一天在不同地区也不同，之后变成了11月30日。它也是佃农缴纳猪等实物作为租税的日子。

于是，德国在春分（3月21日）后第一次满月后的星期日（3月22日到4月25日之间）举行的复活节，及9月29日的米迦勒节就作为古日耳曼传统的春节和收获节，到后来也仍以热闹的宴会、娱乐活动等形式庆祝。

节日是与日耳曼民族过去生活节奏有很密切联系的事

物，也是庶民日常生活中的忧愁和疲劳的发泄口，因此也是庶民能量爆发的机会。正因为如此，在基督教传入之后，教会和普通民众围绕节日的实质内容反复进行着无声的激烈对抗。

基督教会努力想根绝潜藏在节日根底的古代的、异教的传统，因此想尽了各种办法。然而，自古日耳曼时期传承下来的节日都与集市、裁决的日子相连，几乎不可能完全改变这些节日。因此，教会想出来的办法是限制构成日耳曼民族旧有节日中心的宴会活动。即便不是古日耳曼人，如果限制了食物、酒水，还会有节日的氛围吗？然而，基督教以难以想象的执拗，在古日耳曼时代以来的节日正中间加入四季的斋日（三天严格禁欲的节日），裁决集会等也要在这些日子中举行。

于是，圣灰节（复活节前46天，大斋节的第一天）、五旬节（复活节后49天）、圣十字架节（9月14日）、圣路西节（12月13日），分别被插入过去在3月、5—6月、9月、12月的民族性节日中。

结果，人们为了避开压抑的斋节，只好把自己的节日错开到斋节前后。于是，基督教的节日和异教、原始的节日接续举行，在我们异邦人看来，它们带有了奇特的双重性格。而且，教会将斋节后面的周三、周四也定为斋日，尽情吃喝的异教节日就没法在一周中连续举行三天了。复活节变成了四月初，传统的三月原野集会彻底被严格的斋日隔开，本来是冬至节日的圣诞节，在节日前面数天也赶上斋日。从五旬节的两周后到圣彼得和圣约翰日（6月29日），过去都是使徒的斋日，而耶稣升天节（复活节后40天）之前成为祈祷的斋日。

于是，尽情吃喝的传统民族节日，与通过斋日的限制而抑制它的教会节日构成了奇妙的对比，但随着基督教的传播，前者被纳入教会历中，逐渐被看作同一个东西了。

在此之中，很长时间都没有失去民族节日形态的就是大斋节和圣约翰节。

大斋节和圣约翰节

大斋节本来是复活节前40天的斋节，但是它作为民族节日，最初是赶走冬天的春节。源自三月原野集会的这个节日撞上了教会最严格的大斋节。结果，春节被错开到大斋节前，大斋节前三天被作为原本的民族性春节庆祝。这三天被称为狂欢节（Fastnacht），现在则以嘉年华（carnival）为人所知。在大斋节开始强制严格禁欲之前，人们尽情吃喝、舞蹈。按舒尔茨所说："人们简直像没有明天一样吃喝，像人生再无此次一样游戏、娱乐，仿佛现在是最满足的，没有任何东西能提高了。"这三天变成了整个德国愚行和胡闹的熔炉，男人们穿女装，女人们穿着男装跳舞，不变装的人也用铅丹、墨等化出浓妆扮作恶魔、恶灵，有人甚至裸体跑来跑去。塞巴斯蒂安·弗兰克这样写道：

人们在这个节日中尽情释放。标枪、竞技、舞蹈、大斋节游戏等……有钱人在周日过节，庶民则在周一。总之，这个时候有所有恶作剧和消遣释放。你本以为会有人不觉羞耻地光着身子四处奔跑，结果还有人就像动物一样跑来跑去。刚看到有人打扮成傻子，接下来就又看到有人打扮成修士和国王，在这个节日上，他们也成为大家的笑料。你想到有人戴着翅膀、装着长长的嘴，坐在高高的竹马上面模仿鹤，这边就看到有人模仿熊，模仿粗野的樵夫、恶魔。有人边走边拿着刚刚排泄出来的粪，扮作苍蝇亲吻它……有人扮作猴子，也有人穿着扮作驴的衣服。这完全可以说是合适的装扮，在真实的状况下他们就是那样的人。

乌尔姆的大斋节之前有一个习惯，这天进入房子的人如果不说"经许可进入"就会被抓起来，简直像犯人一样双手绑在身后，跟着一头山羊游街示众。

老彼得·勃鲁盖尔和耶罗尼米斯·博斯描绘的各种绘画，一定和这种大斋节前的胡闹有关系吧。

在这种胡闹中，神职人员也不能超然处之。根据哥特沙尔克·豪来的说法，"明斯特主教区有 10 个变装并戴着面具的人，在礼拜的最高潮时溜进教堂，侮辱正在给教众做弥撒的神父。他们没有缴纳 1 芬尼，而是给了一片面包皮，然后开始唱歌，嘲弄神父"。豪来说这些人都遭到神的惩罚而早

施瓦本地区村落中的游行（1500 年左右）

死，将之作为一种教训故事，不过这种例子在奥斯纳布吕克等地也有出现，该市政府禁止了变装。

进入大斋节后必须限制饮食。在这 40 天内，人们必须过着没有肉、牛奶、奶酪、鸡蛋、猪油的生活。他们用豆子、梨等食物抵抗饥饿。不过，这些规定未必一定会被严格遵守。1478 年，教皇允许法兰克福市民大斋节期间除了受难周以外可以吃鸡蛋和奶酪，而在纽伦堡，1444 年，安日纳四世规定大斋节期间除星期五外，只要向医院捐献稍许金钱就可以吃面包。大斋节之初的圣灰节，人们在教堂里涂上灰烬，进行忏悔，不过根据约翰内斯·布恩莫斯的说法，弗兰肯地区在这一天有奇异的习惯。

该年要加入舞蹈的年轻女孩，此时会被男孩集中起来代替马来拉犁。犁上坐着吹笛子的男性，一边跳舞一边吹笛子。犁被拉到河流或湖中。布恩莫斯认为这个仪式是作为在节日时打破教会的禁忌、沉迷轻浮娱乐的补偿，不过这个母题应该带有和"吹笛人与130个孩子失踪"传说根底相通的东西。

大斋节正当中，节日所附带的胡闹、游行也以别的形式进行。布恩莫斯说，大斋节最高潮时，年轻人制作象征死亡的稻草人，用棒子举着它呼喊着走到邻村。他们在友好欢迎的家庭得到牛奶、豆子、烧梨等美食，平安地回去，不过也有人很讨厌，拿着武器威胁他们返回。他们还把老的木制车轮包在稻草里，由一群年轻人抬着登上高高的山顶，在一天嬉笑热闹之后，等到晚上把车轮点燃，从山上推下去。据说那看起来就像太阳或月亮从空中落下来一样。

棕枝主日（复活节之前的星期日）那天，载着耶稣像的木驴加入游行队伍。有时也会有人坐在上面，表演耶稣的耶路撒冷之行。这种宗教性活动中也会有节日附带的恶作剧。举着队伍旗帜的男子把旗杆底端放在裤子前开口的布那里支撑等行为，在前文中的《席莫伯爵编年史》中就有出现。

这种恶作剧虽然没有罪，但是等到复活节前的受难周人们再次开始忏悔时，常常生出严重的事端。手持锤子、石头、棍棒、手杖、榔头等武器的群众预先熄灭教堂所有的灯，在彻底黑暗后，袭击可怜的犹太人。据说为了这种

"嬉戏"，人们平时就在准备自己的工具。在忧郁、疲劳的日常生活之中，忍耐屈辱、忍受贫困度日的普通民众在偷偷考虑这一天袭击犹太人的工具的快乐中，寻找郁结的发泄口。

人们每次说出耶稣受难之苦时，那些语言就变成对犹太人的愤慨之词。耶稣的受难成为他们日常生活之苦的表现，放高利贷折磨他们平日生活的犹太人，与背叛、迫害耶稣的犹太人合二为一。据说许多犹太人被钉在椅子上、遭受拷打、杀害。1336、1338 年出现了大规模杀害犹太人事件。斯特拉斯堡的行会甚至也号召杀害犹太人。犹太人一般因为放高利贷而成为贫民仇恨的对象，然而，他们背后是借此攫取利益的皇帝及诸侯、城市贵族、市议员。一般民众和底层民众注意不到这些，将平日的仇恨倾倒在眼前的犹太人身上。

在这种责难犹太人的行为中可见的精神状态，绝对不是只冲着犹太人的孤立现象。中世纪社会中各人群的身份清晰，通过服装等能立刻分辨出各自身份，因此人们常常把低身份者的特征、邻人身体上的缺陷等作为嘲笑对象，释放心中的愁闷。

节日时上演的闹剧多数都是这种肤浅的剧情，秃子或残疾人、老百姓、老女人、乡村的风俗，乃至邻人的不幸等都成为嘲笑对象。但是，嘲笑的做法是浮夸地使用大量俗语脏话，比如拉不出屎呀、小娘们呀，通过将人描述成动物来嘲笑，所以也是一种戏剧。这种嘲笑成立的前提是被嘲笑者和自己一样都只是人而已。与此相反，犹太人的背后有高利贷和政治权力，所以简单的玩笑无法释放情绪。当然不是所有的犹太人都是高利贷商人。因此，大多数犹太人在中世纪可谓是彻底承受庶民对统治权力的愤怒的牺牲者。

比起大斋节，圣约翰节留有更强的民族性。这一天（6月24日）德国几乎所有村镇都点燃篝火，男女老幼全都集中在一起边唱边跳。这个节日本来是夏至节，可以看到基督教传入以前的原始宗教形态，在14、15世纪时仍能随处看到异教的习俗。人们用葵蒿、马鞭草制作花环，手里拿着飞燕草，从这些花中间观看火焰，据说这样可以一年不生眼病。接着，他们把花投入火中，祈祷"把我所有的霉运全都烧掉"。在维尔茨堡，主教的手下点燃火焰，把圆盘状的木头点着，巧妙地丢入美因河中。据说那看上去像是浑身包裹着火焰的龙。

这种习俗也被认为是印欧语民族共有的习惯，夏至这天的火焰中包含着人类的希望和心愿。特别是异性间的爱情、婚姻、建设新家庭等事情都向这火焰祈祷。因此，前文已述的维恩的集体婚礼母题便是以此为契机。

这一天也是庆祝男子独当一面的成人节，在中世纪城市的行会制度下，接受新的学徒、匠人自立门户、升级为师傅等也都在这一天举行。获得市民权也在这一天。很多人都知道，《尼伯龙根之歌》的主人公、年轻的齐格弗里德的成人仪式也是在夏至这一天。在骑士的世界，年轻的骑士候选人

圆舞（汉斯·伯格玛）。夏至日时经常举行

最初也是在圣约翰节集合，获得正式成员的资格。

族群是一代人的命运共同体，确认并庆祝担负族群下一代的子嗣成年的仪式，绝对不可能是外界赐予的东西。基督教努力将此前日耳曼民族的传统节日基督教化。尽管如此，在"焚木"被点燃，火苗高蹿时，沉睡在人们灵魂深处的原始情感禁不住地涌出。人们狂舞，沿街游行。在这种兴奋之情的深处，正翻涌着日常被歧视的生活、郁结的生活的情感。节日的时候人们吃到平时怎么也吃不到的美食，在失去自控力时，他们的不满就在陶醉的状态之中变成忘我的舞蹈和游行，剧烈地释放出来。

即便神父也不例外。据说神父、执事等人也被这种兴奋

中世纪反映"舞蹈瘟疫"的版画（*Dancing mania on a pilgrimage to the church at Sint-Jans-Molenbeek*），1642

感染，打着大鼓、定音鼓等举行宴会，在各家屋内和道路上乱舞。某位神父饭后像发狂了一样，骑着驴子在村庄和道路上游行，之后闯入教堂，兴高采烈地向在场的人身上泼水。

因此，1407年在维尔茨堡召开的教会会议做出了决议，惩戒这种亵渎教堂的行为。全德意志都有这种事情，北面波罗的海沿岸的瓦尔米亚主教区在1497年被批评"在节日时候，好几个人带着主教帽子、拿着主教神杖、穿着主教服在教堂内外给人赐福，令人爆笑。而且，教堂之中和前庭也有人在做买卖"等。在此我们可以看到令"有识之士"意识到必须要请求进行宗教改革的状况，不过它们也是在节日的兴奋中才开始显露出来的。

从将临期的第一主日（距离12月1日最近的星期日）开始，这样的节日一年之中几乎一直持续。在漫长的中世纪，正因为在这种节日中有暂时解放的愉悦，在社会最底层呻吟的人们才有办法度过一天又一天吧。

节日的本质形式是队列行进、游行，所以它一定程度上也是对统治者的大型示威运动。因此围绕游行的主导权，教会和一般民众之间持续不断地默默争斗。为了对抗庶民的节日，即可能在奥基亚式*的狂舞、沉醉中不断发展成为爆发式游行的节日，教会禁止舞蹈，拿出了所谓耶稣升天节及基

---

* 奥基亚（orgia）是古希腊宗教中一些神秘教派的狂欢崇拜形式，特别是酒神狄奥尼索斯的崇拜仪式。亦有意译为"狂欢"。

督圣体圣血节的华丽、花哨、威严的游行。

19世纪的历史学家克里克说，即便教会如此努力，在应该严肃的游行中也有很多人不认为这是为了敬神的纯粹游行。许多人，即便是神职人员，在队伍中也是大呼小叫地说话、笑、胡闹、恶作剧。1327年法兰克福的圣母修道院的戒律严厉禁止了这种行为。

随着宗教改革的深入，市民反对教会故作神圣的游行运动高涨起来。结果法兰克福在1527年不再将游行作为一般的节日形式举行了。围绕节日的形式，与教会当局对立的市民在节日当天也勤奋工作，以此抵制游行，实际上把它逼入了教会内部活动的范畴。但与此同时，游行作为一般民众的原始性表达，作为日常压抑生活中的片刻解放的节日的另一个形态也被压制了。1539年，在被称作"纽伦堡的斯基巴特"*的讽刺剧中，当时在讲坛上视狂欢节为黑暗的天主教残余而对其激烈攻击的安德烈亚斯·奥西安达也被当作讽刺对象，市议会慌忙将斯基巴特这种形式本身永久禁止了。

于是，新教地区的"近世"拉开了帷幕。"近世"时期底层民众的生活状态是什么样的呢？处理这个问题远超本书范围，这里就只先说结论：实质上，它和一直持续到19世纪中叶的中世纪社会底层民众的生活状态完全一样。

根据上述民众的节日状态，大概能推测出来儿童十字

---

* 在纽伦堡盛行的一种狂欢形式。

中世纪吕讷堡地区的狂欢节表演，即书中提到的斯基巴特

军、埃尔福特的孩子们的舞蹈游行都是一种节日的延伸，那些节日是民众从压抑的日常生活中获得的片刻解放。正是因为日常的痛苦很深，大人在节日的兴奋中陷入忘我之境，忘掉了孩子等事情。而孩子在节日的喧闹中受到比大人更高程度的兴奋感驱使，不受阻碍地做出了危险行为。

通过中世纪民众及其孩子的社会地位、心理状态探究"哈默尔恩的孩子失踪"的背景时，有一个假说值得注意，即沃勒女士的"遇难说"。本章的最后我们就来看一下这个假说。

沃勒假说中所见的"吹笛人"

在东向移民假说中，无论是维恩的理论，还是多伯廷的解释，"吹笛人"都是主角，但是"吹笛人"社会地位底下，东德的沃勒女士因此认为他不应该是主角。

她认为弥漫在整个故事中的悲剧氛围使人想到当时发生了某种突发事故，东向移民这样的有计划行动不是该事件的背景。就像某些版本中记载的那样，即便父母们全都去了教堂，130个孩子在没有任何人注意到的情况下离开市镇也是不可能的，而且吕讷堡抄本中记载的路德母亲目睹孩子离开，正说明他们离开绝对不是异常事情。

因此，沃勒女士认为，当地在圣约翰节有在距离市镇2英里的科彭贝格的悬崖上点燃夏至篝火的习俗，因此孩子们集合成一群，在节日的过度兴奋状态中去点火，但陷入了湿地区域深不见底的沼泽之中未能脱身。

不过，沃勒的结论并非来自我前一节讲述的那种底层民众的社会状况和节日。她推测孩子们在科彭贝格遇难的源头是吕讷堡抄本中的科彭这一地名。

很早就有研究者寻找科彭的位置。比如，维恩认为它是现在因为建设铁路而被推成平地的山丘，位于哈默尔恩市东边的阿弗德村附近的市界处。斯潘努斯认为它是哈默尔恩东北叫作巴斯贝格的山麓。不过，沃勒认为构成传说核心的历史事件，不应该出现在城墙不远处、位于市民的视野范围内。这反映出了她的基本观点，即正因为事件的核心在当时就成为谜团，它才能成为传说。

因此沃勒寻找具备以下三个条件的地方：1. 过去或者现

在还被叫作"科彭"；2. 位于孩子步行能够达到的范围内；3. 会发生不幸事件。于是，她发现了这样的地方。

它就是被称作科彭布吕格，位于哈默尔恩东边 15 公里、海拔 402 米的一处高地。这里有一片古日耳曼人举行献祭牺牲仪式的湿洼地，1303 年斯皮格伯格伯爵在伊特山和戴斯特山之间的湿地建城，该城也因此被称作科彭贝格。这附近因被称作"魔鬼的厨房"而著名，如名称所示，它是从远古时期就开始进行祭祀、埋葬等行为的地方，但逐渐被妖魔化，变成让人恐惧的地方了。这片洼地宽约 150 米，落差 150 米的悬崖陡立一侧，背后则是凸出的约 30 米的岩壁（overhang）所形成的昏暗一角。在北侧和南侧，砂岩在漫长岁月中已经风化崩塌，和枯倒的树木堆在一起。据说在风化没有那么严重的几百年前，这个悬崖大概更深，堆积物达到 8 米。悬崖大部分地方都被青苔覆盖，生长着繁茂的凤尾草和百花酢浆草，整体上给人阴暗、恐怖的感觉。其险要之处现在也仍是危险区域，加上这一地区常常起雾，就更是危险的地方，实际上有很多人跌落死亡。人们将该灾难转嫁到斯皮格伯格伯爵身上，认为他在这个应该很神圣的地方筑城，挑战了前基督教时代的传说。根据其他传说，为了惩罚伯爵，这座城堡夜晚会出现穿白色衣服的女幽灵，预言不幸。这也可以看作民众对古代仪式场所感到恐惧的表现。据说在距离这处魔鬼的厨房一公里左右的门西斯坦，有魔术师出没于伊特山西边的贝辛根村。

这处悬崖不稍微登高就看不见，因此被称作山。稍高的地方被称作旗岩（Fahnestein），夏至日便在此举行点火仪式。这个仪式本身正是由年轻人传承下来的传统。孩子们大概参加了这个游行队伍，而这块供奉古代民族信仰中祭品的地方，对"吹笛人"来说也是很感兴趣的地方。下一章会详细说到，属于流浪艺人的"吹笛人"被教会拒之门外，是无法得到基督教救赎的外人，其中许多人在这个时代应该仍保留着古代的神祇和异教信仰。

于是，沃勒认为这群孩子的失踪就像后来传承中所看到的那样，虽然无法否定是受伤害的流浪艺人的复仇，但在同样的理解上，它也可能是在反映孩子们于圣约翰节的兴奋。我自然认可这一可能性。因为如果知道当时农村、城市的底层民众的日常生活，以及他们在节日之中获得解放的样子，即便没有直接证据，这种可能性也最大。

不过，沃勒的假说中有一点很重要，即中世纪"吹笛人"所属的流浪艺人群体是被教会、社会歧视的贱民，被视为恶行的象征，所有不幸事件的责任都被转嫁到他们身上。因此，在中世纪，"吹笛人"的行为不需要动机。

就像过去日本秋田的父母吓唬孩子说"不听我的话，鬼就来了哦"，或者吓唬大哭的孩子说"人贩子来了哦"，"吹笛人"所象征的流浪艺人对于孩子和父母来说，就是类似鬼、人贩子一样的人。战前的日本孩子以为人贩子和马戏团的帐篷有关系。小孩听到马戏团热闹的小乐团演奏声就坐立不安，一边从帐篷的缝隙中窥看奇妙的动物，一边想起平时从父母那里听到的"人贩子的故事"，或者在专门针对少男少女的小说中看到的"被卖给马戏团的孩子的故事"等，越看越害怕，越害怕越想看，身体害怕得发抖。很多人在童年或许都有这种体验。

中世纪欧洲的流浪艺人，大多也都带着奇妙的动物游历各地。村镇里发生某些不幸事件而又原因不明时，往往就在已经离开的流浪艺人身上找原因。将"吹笛人"定为犯人的话，事情就解决了。沃勒认为在哈默尔恩市不过就是将市民疏忽的结果归于"吹笛人"身上而已，这则传说中没有"吹笛人"也没有关系。确实，在《热情》的描述中就没有"吹笛人"出现。

不过，15世纪末至16世纪，在文艺复兴、宗教改革所代表的人文主义思想浪潮中，一般大众开始逐渐从过去教会严格的束缚中解放出来。与之相伴，许多流浪艺人的社会地位提高，"吹笛人"也不再是过去那类恶行的象征，将孩子失踪的原因归在他们身上就变得不合适了。沃勒认为，人们因此必须要找到新动机，选择了当时农民战争中看到的、底层民众在社会对立中对市议会的反感，所谓"捕鼠人报复市议会的背叛"这一传说就形成了。

然后，对于为何这件事情作为传说一直传承到现在这一问题，沃勒做出如下解释：这一事件的消息大概是幸免于难的个别孩子告知的，但是因为小孩子的表达磕磕绊绊，担心自己孩子安危的父母又激动地逼问，所以回去的孩子过于恐惧便只能沉默了。换句话说，事件发生时就已经很难清楚全貌，而这一点反而激发了人们的想象力，生出了各种各样的幻想。

这样来看，130个孩子同时沉入沼泽地虽然不太可信，但不可否认沃勒的假说中有很接近真相的内容了。

即便是宗教仪式，在异常的兴奋状态下进行这一点，也能够让人想象到隐藏其后的当时社会生活的严酷。生活的艰辛、对未来的不安、对家族成员健康的担忧等在许多人的脑海中挥之不去。这种状态必须要作为前提放入我们的视野之中。因此，即便这件事看起来只是陷入沼泽的事件，但只要牺牲者异常多，背后就必然有这个时代一般民众所体验的生活的严酷。因为如果不是那样，我们无法想象单纯的地方事件能够流传到近七百年后的现在，使全世界皆知。

在自己都忍饥挨饿的时代，让孩子饿死的父母大概终生难忘那种伤痛。在自己被意识深处想从这世间之苦中逃离的冲动驱使，勉勉强强地过着每一天时，即便是因为事故，但必须要将许多孩子送到阴界要怎么办呢？那种悲痛一定穿越时代流传了下去。后代的人在各自时代的社会、思想状态中接受这一传说，根据内心的要求而改写这个传说。这样，在这个传说的变化过程中，扮演最大角色的就是作为流浪艺人的"吹笛人"的形象了。

第五章　流浪艺人的社会地位

流浪者中的流浪乐师

日本此前的欧洲史叙述将中世纪描述为农民被紧缚在土地上的时代，认为直到刺激城市崛起的远程商旅队伍出现前，那都是一个几乎看不到移动的人群、整体上流动很少的社会。

但如果离开领主的文书档案或官方机构的档案，去看当时人写的私人记录等材料，就会知道当时存在超出我们想象的各式人员往来。即便不说日耳曼人东扩、十字军这样大规模的集体移动，也还有很多人居无定处，过着经常从一个城市到另一个城市、从一个村到另一个村的奔波生活。这些人没有土地，没法定居在一个地方，结果便是被当时以土地所有为社会价值源泉的社会开除，成为受歧视者。

这些人是艺人、乐师、流浪乞丐、妓女、不守戒的僧尼、流浪学生、犯罪者、被从城市及农村驱逐的人等。德国讽刺诗人托马斯·莫纳详细描述了这些流浪人群，将其分为25类之多，不过共通的一点是，这些人因为出身或者某种命运，超出了当时"正统的"社会秩序。

他们被世俗的统治、共同体规则排斥，也被拒于教会的怀抱外，注定过着悲惨的人生。我们不用看日本的村八分[*]的例子也很容易想到其状况。对于这些人，日本几乎没有介绍，不过西欧自19世纪开始就已经有了很多研究。

就像后来塞巴斯蒂安·布兰特（1457—1521）在《愚人船》中描写的，当时的流浪者中有很多是骗子，被托马斯·莫纳等人文主义者当作当时社会腐败的表现而激烈批评。但是，从前文已述的内容也能轻易推测出来，这些底层民众的欺诈等行为并不是受歧视的原因，反而是受歧视的结果。这些流浪者中也有游历四方的乐师。

中世纪的城市、农村在节日时，流浪乐师不知从哪里出现，与人们一起唱歌，给人一时的慰藉，然后便不知去向。他们究竟是什么样的人？这个问题很难明确回答。他们没有形成集中的身份。有人在王侯面前演奏，有人则在各个村庄的节日中简单地演奏，娱乐民众。他们演奏的曲目没有留下乐谱。当然，他们的音乐几乎都是即兴音乐，换句话说，和

---

* 日本农村内部的惩罚制度。除安葬、灭火外，禁止其他户帮助该户或与其交流，该户也不能参加村内其他活动。

近代作曲家居于孤岛中，以自然和世界为对象创作乐谱完全不一样，他们通常在听众之间，在与听众的直接接触中创造自己的音乐。

关于他们的出身也有各种各样的说法。一些人认为他们来自古罗马的滑稽戏演员（Mimus）、魔术师、杂技师。在蛮族入侵的暴风雨中，罗马及其界墙（Limes）内的城市剧院被烧毁，失去工作场所的艺人们在各个村子及日耳曼诸民族的地区表演拉贝里乌斯等人的作品，在此之中，因为语言的障碍而变成以音乐为主要职业。

另外，也有人认为讴歌日耳曼时代英雄叙事诗的诗人是这些流浪乐师之祖。不管哪一种说法，现在都没有最终定论。

如普罗科匹厄斯（5世纪末至565年）所记，属于日耳曼一支的汪达尔人也特别喜欢舞蹈和音乐，西哥特国王狄奥多里克二世在吃饭的时候也要让艺人、歌手服侍。一般认为这些日耳曼时代的英雄叙事诗人，和源自过去雅典—东方的罗马舞者、艺人、歌手等在中世纪初期融合，形成了流浪乐师群体。

他们为什么一定要过着游历、流浪的生活呢？这一点也没有单一的答案。但是，古罗马艺人并不一定要游历，而且许多中世纪流浪乐师在13世纪到16世纪开始放弃游历、流浪，逐渐定居一处，此后除了少数例外，他们都是以定居乐师之身获得职业身份。考虑到这些，我们就能够独自推测出游历的理由了。

吹小号和吹圆号的人

他们游历、流浪的时期是罗马帝国衰落到 12、13 世纪以后领土主权成立、邦国确立的时期，换言之，相当于以大城市、宫廷为中心的中央集权国家尚未成立的时代。

流浪艺人的定义中有这样的语言 "Guoto Umm Ehle Namen"（音译），对此有几种解释，过去是 "以名誉换取金钱、物品""以唱歌、用身体表演换得补偿（钱）"。但是，现在大体上都认为它是 "获得对称赞的报酬"。

总之流浪艺人是为了得到报酬而卖艺的人，必须要有一定的观众、听众。但是罗马帝国衰落后，大规模且持续地动员那样的观众变得困难，艺人为了寻找观众，必须要在各地巡回演出。他们很难在一定的土地上得到生计之资。他们流浪、游历的一个原因便是当时国家、社会制度的规定。在此之上，来自教会的蔑视、责难更让他们的工作和定居难上加难。

于是，他们的困难时代从此时就已经开始了。因为他们被认为没有作为人的"名誉"（Ehre）。早在虔诚者路易（778—840）的敕令中，流浪乐师就被当作贱民对待，而贱民中几乎都是流浪之人。他们没有任何法律权利，因此也不能成为证人。当然，他们并非像盗贼或小偷那样完全丧失权利和名誉，据说也有某些程度的权利，但实际的区别微乎其微。为什么会产生这种歧视呢？一种说法认为是因为他们不定居在某块土地上，另一种说法则认为是因为他们的职业本身就是低贱职业。教会持后一种立场，不过很多流浪乐师定居后就获得了市民权，并且恢复了名誉和权利。他们没有放弃职业，所以沦落到被歧视的一个理由便是不定居（换句话说，不拥有土地）。在土地所有构成社会序列基础的中世纪社会，没有土地，也不像农民一样"被紧缚在土地上"的人，正是被看成位于人类序列之外的人。

不过原因不止如此。艺人和乐师一方面以生动的形式在庶民之间传播古代的异教文化，对教会来说妨碍了基督教的普及；另一方面，他们日耳曼时代的英雄叙事诗人形象也可能唤醒在庶民中持续存在的异教传统，必须被严厉取缔。到基督教仍保有势力的 15 世纪，或者更后面的时期，这种事情仍是确定游方人士和流浪乐师社会地位的重要理由。

在此意义上，教会对艺人、乐师的批判在罗马末期已开始出现就不很奇怪了。314 年的阿尔勒宗教会议决定，只要车夫和艺人从事他们的职业就不给予他们圣餐，迦太基主教、对罗马组织化做出贡献的居普良（200？—258）也同样宣称教会不能接受艺人。因《上帝之城》和《忏悔录》而著名的奥古斯丁（354—430）说不能给妓女和艺人洗礼，即便因弄错而接受了洗礼，他们也得不到洗礼所带来的拯救之业。对奥古斯丁来说，他年轻时与之放浪形骸的同伴，即妓女与艺人，简直像没有任何意义。他宣称赠送给艺人等人金钱、物品也是大罪。这种看法在 305 年的艾尔维拉宗教会议上也可看到。

和音乐一样，戏剧也受牧师讨厌。亚历山大的克莱曼特（约 150—211）称，礼拜的时候禁止出现笛、竖琴等一切乐器，也不允许合唱、舞蹈等。笛子等交给崇拜偶像的那些人负责就行。因为翻译《圣经》而著名的圣哲罗姆（340—419）等人甚至说，不能告知年轻女孩七弦琴、笛、竖琴等本身是用来做什么的。无须多言，这种说法的根底是认为笛子和合唱、舞蹈等是附属在基督教以前民族宗教上的异教习惯。

315 年的老底嘉宗教会议也清楚地确立了这些观点，神职人员参加婚礼等喜庆的聚会时也必须在艺人到来前离席。它们也被定为法条，收入教皇哈德良一世（772—795 年在位）的教会法令集中，对后来的限制产生重大的影响。

查理大帝在 789 年的敕令中将艺人视为与奴隶、异端者、异教徒、犹太人一样的贱民，同一年也规定主教、修道院院长等不准拥有猎犬、鹰、艺人。查理大帝治世末期投入大量精力实施这种限制，而不管是美因茨、兰斯、图尔等宗教会议（均在 813 年），还有亚琛（816）、巴黎（829）的会议都反复禁止这些行为。

但是，从这些禁令被反复申明来看，我们反而知道它们并没有太多实际效果。实际上，从这个时候起，教会的理论就开始偏离现实了。艺人们在高级神职人员的府邸受到欢迎，众所周知，在米兰主教安波罗修（约 339—397）、教皇格里高利一世（约 540—604）等人的管理下，音乐也进入了教会的礼拜仪式。位列圣人的美因茨大主教巴多（981—1052）享受艺人的幽默，但用他的话说，这是为了神而可怜贫困的艺人。像这样，艺人能够愉悦神职人员的耳目，得到马匹、武器、衣服等作为奖赏。这种无视禁令的行为似乎极其普遍，日耳曼的圣恩格尔伯特（1216—1225 年任主教）把身穿的衣服作为遗产留给神职人员而非艺人，竟被传记作者特别称赞。

修道院也不例外。门格贝克讲述过一件轶事：13 世纪前半期，在英国的牛津森林中，两名方济各会修士在暴雨中迷路，最终精疲力竭地来到本笃修道院，请求门卫允许他们进去休息。因为衣服破烂，又弄得很脏，门卫把他们错认为流浪艺人并向院长报告。院长、修士们高兴地集合起来。两人过去，被发现不是艺人，在遭到一番暴雨般的拳打脚踢后即被赶了出去。

被歧视者的恐惧

不过，对不太清楚这个时代的人来说，即便修士被雨淋、衣服弄得很脏，堂堂修道院的门卫竟然能把他们错认为流浪艺人仍是难以理解的。但实际上，门卫看错人也不是不可能。

因为流浪乐师在这个时代吸收了新的要素。

这个时代，各地修道院中有很多为了成为神职人员而不断学习的修士（学生），他们常常偷偷离开修道院游历各地，形成一种社会问题。这些人很多都是靠唱歌、演奏乐器维持生活。于是，流浪艺人的群体中新加入了流浪学生。修道院的学校经常吸收培养教堂合唱团的机构，因此以唱歌过活对这些学生来说并不困难。特别是从 13 世纪前半期创立的巴黎大学等跑出来了很多流浪学生（Clericivagi），遍及欧洲，教会为抑制他们的"行为不端"做出了各种努力。

在与皇帝权力激烈斗争后，教会作为暂时的胜利者，得到了新崛起国家的帮助，能够以国家权力为背景，将萨尔茨堡（1291、1310）、帕绍（1284）等宗教会议的决议在整个社会中实施。教会试图管控这些从修道院逃走的自由肆意生活的学生。对于统治权力来说，流浪学生是危险人物，无论是教会还是国家都命令其返回修道院，做"正当"的学问。

但是，不回去的学生也有很多，他们只能过着和乞丐一样的贫苦生活。留在修道院或返回修道院的学生，其立身处世的道路受到保证，也能享受学生生活。他们自豪的感情在剑桥等学校的学生歌曲以及《布兰诗歌》等作品中都可以看到。然而，不断流浪的学生的声音只在《流浪生活》（Vita Vagōrum）等作品中稍稍显露。他们被教会、国家压制，没有可以寄身的避难所。接纳他们、与他们寝食与共的正是同样没有市民权的流浪乐师。如莫泽所说，流浪学生并非神学家的基础，而是和目不识丁的流浪艺人一起生活，自己也演唱着世俗歌曲，消失在民众之中。

于是，流浪艺人背负了越来越被"正当"社会秩序的拥护者批评的口实。因与艾洛伊斯长期通信而知名的法国大哲学家彼得·阿伯拉尔（1079—1142）等高级神职人员，严厉批评了在教会节日中让乐师侍奉在桌旁、不分昼夜和他们一起玩乐、送给他们礼物等行为。对阿伯拉尔来说，流浪乐师就是恶魔的使徒，被派遣来诱惑人们贫瘠的精神。教会作为当时权威源泉下达判决，对流浪乐师的普遍歧视也就不会拘于一地。即便阿西西的圣方济各（1181—1226）称自己和同伴是"上帝的小丑"，但那自然不是想要提高小丑的身份地位，而是以所有人都蔑视的低微的小丑身份为前提，表达自己的谦虚之深。

　　流浪艺人不仅得不到教会给予的救赎之业，其世俗权利也几乎被剥夺殆尽。在法律文本中，对流浪艺人造成某种伤害时不过是允许他们"对其影子报复"。也就是说，流浪艺人只准对伤害自己之人的影子进行报复。如果流浪艺人被非法杀害，他的儿子可以在一定条件下"得到"一头牛作为补偿。所谓的条件是带着里面涂满油的新手套，抓住涂满油的牛尾巴，在一段很滑的高台上拖住被鞭打后发狂的牛。

　　这种愚弄清楚地显示出流浪乐师的低微社会地位与受歧视的实际状况，或者说它明确展示了近乎令人毛骨悚然的歧视者的道德衰退与空虚，同时，我们也能窥见这些人所构成的中世纪社会精神结构的一角。不过，当时歧视者一方大概也并非傲慢、洋洋得意地享受自己的身份、地位的人。在嘲弄流浪乐师时，他们害怕某种自己未意识到的事物，因为过于恐怖，就在雾霭之中将流浪乐师当作恐怖对象，反复进行贸然的愚弄行为。他们没有意识到那种恐怖实际上是源自对自己生活的恐怖。流浪乐师作为恶行的象征，也就成为人们不知源自何处的恐怖情绪的发泄口，被定为恐惧的对象，以及可转嫁恐惧情绪的人。

　　在人们被与生俱来的社会身份拘束住的身份制社会中，一些可能动摇保障身份的社会秩序的因素会被极其严酷地压制。13 世纪末对流浪乐师和流浪学生的严厉打压，就是因为他们渐渐动摇了过去的秩序。其背景则是城市的兴起与市

流浪乐师一家（卢卡斯·范·莱顿，1520）

民身份的形成、贫富差距增加、新的国家权力的再形成（完全统治区域内部的领地主权的建立及骑士身份相对衰弱）、神职人员身份相对衰落等。担忧生活基础被夺走的人无法理性认识这种不安的根源，就通过迫害比自己身份还低的人缓和恐惧的情绪。

某个伯爵和一个流浪乐师打赌，要是后者能喝干啤酒桶里的酒就给他一匹小马。乐师将其全部喝完以后，伯爵却把他绑在拷问台上拷问。他环顾周围的人说，"小马"（Equuleus）也指"拷问台"（Eqquuleus）。在此知识不仅成为欺骗文盲的手段，也是伪装自己的方式。流浪乐师还不是唯一被愚弄的对象。

据赫尔曼·科纳的记载，1386年大斋节前一天，吕贝克举行了"盲人比赛"。吕贝克市的城市贵族子弟选出12名健康盲人，给他们饭菜和其他吃的，待有精力后给他们铠甲、盾牌、木棒，送到在市场上由立起的木板做成的竞技场内。在比赛马上要开始的时候，他们放进去一头健壮的猪。猪发现自己闯入战斗正中间时，嗷嗷地叫着，在棍棒中四处逃窜。偶尔被木棒打到屁股，猪就蹿起来撞倒两三个盲人选手。作为其对手而战斗的盲人，认为将自己撞倒的一定是猪，于是尽情地狠打对方。看到人猪都筋疲力尽时，他们就给猪带上铃铛。这样，猪与其说是被打倒，不如说是一直被追赶到疲劳而累倒。竞技结束后，大家一起吃掉这头猪。据说无论老幼，无论是年轻女孩还是神职人员都非常高兴地观看比赛。

侍奉在国王餐桌旁的乐师们（斯特拉斯堡，1498）

　　在聚集起来看流浪艺人表演的人中，说有很多是这种排解内心烦闷的人大约没错。因此，流浪乐师及其同伴通常穿着吸引人们注意的衣服，带着天生残疾的儿童、成人或者奇妙的动物等一起流浪。在卢卡斯·范·莱顿的铜版画中，明显是小孩的人加入他们之中。或许这对夫妇在某个地方买下并养育了这个小孩。我们小时候在庙会等地方经常看到这种残疾小孩的表演。可以说，当时集中在这种表演周围的人的心理状况，和14、15世纪欧洲市民相比并没有太大变化。

实际上，到15世纪，部分流浪艺人就受到诸侯、神职人员的保护，进行很大规模的"马戏团"式的演出。1443年，法兰克福出现了大象，1450年有了鸵鸟。1483年又有人将大象带来，不过当时的团长汉斯·菲兹乌法是皇帝和藩侯推荐给法兰克福市长的。1468年讷德林根出现骆驼时，非常多的人聚集在临时搭建的桥上，甚至导致大桥坍塌、13人死亡。像这样，在14、15世纪社会性不安和不平静之中，流浪乐师、艺人的价值被认可，其中一部分受到神职人员和诸侯的保护，渐渐恢复了"名誉"。

"恢复了名誉"的乐师

得到诸侯、神职人员保护的乐师放弃流浪，定居在宫廷、教堂等地。他们在那里教诸侯子弟演奏乐器，在教会则负责教会音乐，在比赛、迎送宾客、旅行、私斗等时候也偶尔演奏音乐添彩。特里斯坦传说中描述了这种宫廷所属的乐师。他们不仅为主人解闷，有时也要扮演家族纷争中的各种重要角色——想一下《哈姆雷特》中的剧中剧就明白了。他们因为得到诸侯的保护而成为其"所有物"。根据1314年的一份档案，布雷萨诺内主教约翰获得了属于宫廷的乐师。这样，流浪乐师因为处于神职人员、诸侯的裁判权之下而恢复了"名誉"。

于是，乐师在教会中也恢复了"名誉"，能直接获得神的恩宠。一些奇迹故事很好地反映了这种变化。比如，在达缪德的小提琴手故事中，除了拉小提琴以外什么都不知道的乐师，在圣母玛利亚面像前进行感人演奏，圣母现身，给了他一双金拖鞋。这种奇迹故事中最有名的是克莱尔沃的魔术师故事。

有一个常年周游世界，通过蹦跳或舞蹈、魔术等娱乐人们的魔术师把所有财产都捐给了克莱尔沃的修道院，成为那里的助理修士。男子除了魔术以外什么都不会，主祷文、使徒信经、圣母经也都不知道。看到其他修士都通过语言和工作侍奉神，男子感叹自己无能，没有可以侍奉神和圣母玛利亚的技能。但是，他有一天发现修道院的教堂圣坛地下有一个高高的圆形天井，其中有圣母像，于是决定在弥撒的时候在那里偷偷地通过自己学习的奇术侍奉圣母。这样，男子一天天瞒着其他人，在弥撒的时候汗流浃背地在圣母像面前表演其花费一生所记住的各种各样的杂技、魔术。某个修士纳闷他不出席弥撒，就告诉了院长。院长某天下到地下，刚好男子因为自己的表演而筋疲力尽，呆呆地趴在地板上。这时，被天使围绕的圣母玛利亚从祭坛降到男子身边，亲自用白色的布擦去魔术师额头的汗。不久男子得病，去世时圣母现身，引导他的灵魂前往天堂。

可以注意到，早在 13 世纪前半期这个故事就有流传了。

与教会一方的这种变化相对，到了 14、15 世纪，城市也雇用乐师，很多乐师从诸侯的宫廷流向了城市。不过，这也有限制。在诸侯手下的骑士的活动中，小号与鼓不可或缺，因此小号手和鼓手这两个要留在宫廷，城市不得雇用。而城市的市民军可以拥有笛手、圆号手、长号手。因为这样，宫廷中的小号手、鼓手逐渐看不起城市的乐师。

属于宫廷的乐师，在首府中形成相当多数，1398 年，维也纳的阿尔布雷希特四世的宫廷中一共有 16 名乐师，几乎已经能组成小型管弦乐队了。18 世纪的顶峰时期，除了军乐队以外，德累斯顿、特里尔、科隆、美因茨、慕尼黑、维也纳、曼海姆、卡塞尔、达姆施塔特、安斯巴赫、维尔茨堡、海牙、斯图加特、不伦瑞克、柏林、魏玛、哥达、松德斯豪森等都有宫廷乐师。于是，流浪乐师通过进入诸侯权威的庇护伞之下，摆脱了贱民地位，侵入上流社会之中。

此外，流浪乐师也可以通过定居在城市获得摆脱贱民身份的可能性。他们借此获得了作为市民的名誉，之后甚至也能够作为文书的证人出现。乐师市民化带来的身份提高，也已经成为国家奖励的内容。1244—1247 年的《土地和平令》中规定："如果流浪艺人想要和平生活，应给他们留下相应的地方。"《土地和平令》是形成中的邦国权力为了分化抵抗势力，确保统治区域内治安而颁布的法令。处于社会底层、经常移动的流浪艺人群体是总能诱发不稳行为的催化剂，必须要将其纳入一定的秩序之中，因此政府希望他们定居。

但是，虽说定居在城市，但收入之路常常没有打开。有报告说他们到了冬天就做手工业，而且在大斋节严格要求禁欲、禁止歌舞乐曲时也做手工。

有证据显示，1272 年在圣加伦、1283 年在汉堡都已经有流浪艺人定居，不过定居在这些城市的乐师住在城市的塔楼（Turrim）中并担任警卫，在迎送贵人时演奏音乐，因此他们常常被叫作"塔人"（turma，音译）。

到了 15 世纪，城市上层市民开始过着奢侈的生活，各处都举行华丽的婚礼。这种婚礼不能缺少乐师，因此很多流浪乐师也从农村迁往城市。市政当局试图限制那些释放了带有解放色彩的节日气氛的华丽婚礼，许多城市都颁布了限制结婚仪式的法令。吕讷堡、弗罗茨瓦夫、布里格、格罗德库夫、奥格斯堡等在 13、14 世纪规定，结婚仪式上雇用的乐师不得超过 4 人。汉堡、海布、纽伦堡、罗滕堡、米尔豪森的规定是最多 6 人，法兰克福在 1352 年完全禁止雇用乐师，比较宽松的雷根斯堡则允许 12 人。即便有上述市政当局的限制，流浪乐师仍融入城市民众的生活之中，不久就在市内拥有房子、获得市民权了。

最初这些乐师是市议会为了城市活动而短时间聘请的，但不久其定居市民的身份就获得认可，形成正式的行会。行会形成后，乐师自然也分化成师傅、匠人、学徒三个阶层。1548 年、1577 年的帝国警察法令已经认可这些城市乐师拥

村庄的乐师们（1756）

有"名誉"了。

当然，一直到 18 世纪，作为曾经贱民的记忆仍未消失，但可以说在 15 世纪末期，流浪乐师被教会排斥的时代结束了。之后各个城市中的管弦乐团的起源或许都能追溯到这些行会。

此外，也有很多流浪乐师没有定居在诸侯的宫廷或城市中，而是成为以特定诸侯为保护者，随身携带证书的、有赞助人的乐师。也有乐师以特定区域为活动舞台，并形成同伴集团，保护同伴的利益，同时进行虔诚的宗教活动，借此试图得到教会的承认，即莫泽所谓的弱者为防卫而结成集团。这种集团最初见于 1298 年的维也纳、1320 年的卢卡、1320

年的雷根斯堡。多数情况下，集团的首领是乐师之王，在其之上的是保护者、当时世界上著名的阿尔萨斯的拉伯斯坦伯爵，集团每年召开一次乐师们的集会、裁判。歌德在《诗与真》第一部第一章中，将原本和乐师的裁判无关系的事情误作"乐师的裁判"，但这只是承袭了弗里斯的《关于所谓的乐师的裁判》（1752）中的错误而已。这些暂且不论，此处所见的这种乐师集团在各地都出现了很多，一直存续到18世纪。

漂泊的乐师们

这种过程已经是近代音乐史的领域，不是我这种门外汉应该轻易插嘴的地方。不过，在有关本书主题方面必须要指出的事实是，近代音乐的先驱者如前文所述，在教会、诸侯、城市、集团等寻找摆脱贱民地位的机会，并取得相应成功。但在他们背后依然存在被这些上升的人落下的流浪乐师群体。

技术差的业余者（Stümper）或酒吧乐师（Bierfiedler）等流浪乐师，在近世以后也和流浪学生一样，不同于其他"恢复了名誉"的乐师，仍然留在"没有名誉"的乐师的地位上。这种流浪乐师在1618年开始的"三十年战争"带来的社会性不安中急速增加，不断"威胁""恢复了名誉"的乐师的地位。即便到了18世纪，这些流浪乐师的人数也未减少，并引起正当乐师的激愤。这在约翰内斯·彼特·贝尔1719年的《音乐讨论》中有露骨表现。以下稍微多引用一些。

必须要将这散发臭气的积水清理干净，不让那释放毒气的蒸汽污染到香脂的味道。各地政府一直警戒不懈，将有害植物的余茬从音乐的花园中连根拔起，丢到外面，做出最恰当的处置。……这些家伙两个、三个、四个地结成团伙，披肩下藏着古提琴（一种小提琴），在国内各处贵族府邸游荡徘徊，唱着《古将约翰·冯·沃思的骑士之战》，其间弹着失明的瓦伦丁的间奏。一句话来说，这些家伙真的很拙劣，连他们唯一的赞赏者，即被链子拴着的看门狗都瞪起了眼睛。更甚的是，这些酒吧的古提琴弹奏者在教堂等地方也缺乏信仰之心，不仅极少唱主祷文，在讲经的时候也基本上哇啦哇啦地说话。……总之，他们把低俗的猥琐话语和恶作剧等恶行带到教堂之中，这些行为基督教徒在教堂之外都不做。……当问到为什么要留那么长的指甲，他们说那样弹竖琴很方便。他们简直像一直都在挨饿一样，绝对不会节食等。他们的古提琴里面比图林根森林中第11（高）的哈茨（Harz）山还黏糊糊地乱涂上更多的树脂（Harz）。为什么他们那么喜欢睡在马棚？我最近调查后发现了原因。他

弹鲁特琴的丈夫和拉小提琴的妻子（卢卡斯·范·莱顿）

吹风笛的人和弹古提琴的人（法兰克福，1545）

们要在那里拔马尾巴的毛存下来。所以，他们的古提琴的弓弦混有黑色、灰色、红色等颜色……

这些不受欢迎、遭到恶语谩骂的单个的流浪乐师究竟是什么样的人呢？

根据1706年慕尼黑的乐师行会发布的文件，当局所谓的非法乐师几乎都是学生或者曾是学生的人、过去属于乐师行会的人、没有得到政府许可而结婚的人等。1796年慕尼黑的行会也因为学生干扰买卖、学生有可能夺取其职位的危险而反复控诉，主张学生应该返回他们本来的学业。但是，莫泽认为学生带来的竞争极其稀少，反而是他们给了城市乐

流浪乐师老夫妻。丈夫弹街头风琴，妻子合着唱歌

师工作。1719 年，仅慕尼黑一地就有 20 家这样的业余者集团，与之相反，获得认可的行会仅有 7 个。学生们的演奏非常便宜，因此工作很多，也会将它们分给行会中的乐师。不管怎么说，这种事情表明乐师的行会组织已经开始崩溃了。

同伴在诸侯、城市、团体之中寻求、发现摆脱贱民地位的机会时，没有加入组织的流浪乐师在 18 世纪甚至依然和中世纪一样，接纳流浪学生，被人们蔑视。然而，当局及社会地位上升的"正规"乐师们却害怕处于社会秩序之外的他们，所以歧视并限制他们使用的乐器。到最后，连风笛、波兰风笛都禁止使用，只允许有街头风琴、手风琴、陶笛。

在舒伯特《冬之旅》最后一曲中登场的"演奏街头风琴的老人"也在这种社会性压迫和蔑视之下生活，但因为他的精神没有歧视、蔑视他人之人那样贫瘠，所以他透彻地看待社会和人生，一直给痛苦的人、被歧视的人、因为追求真实而被周围孤立起来的人带来安慰。这种令人怀念的人物留在我们记忆深处。"吹笛人"在各个时代、各个人心中以不同的形象出现。总之，13世纪末是流浪乐师最艰难、社会地位最低的时代，所以想象他们和在苦难生活中挣扎、承受着歧视目光的城市最底层民众及其孩子有某种共同联系，也是有可能的。因为这些流浪乐师正是节日时不可或缺的人物。

在摆脱每日生活之苦、追求瞬间解放的节日的兴奋中，流浪乐师的低端身份大概也不会成为问题。他们是对节日的进行和兴奋状态很重要的人物，反而受到民众特别是小孩子的关注。我想，"130个孩子失踪"这一历史事件本身和流浪乐师几乎没有关系。两者即便有关系也是在节日之中，而那不是事件的直接原因。因此，我们在三份中世纪史料中几乎看不到作为历史群体的"吹笛人"的具体样貌。尽管如此，这个事件之后以"花衣魔笛手"传说而知名，则要归因于流浪乐师的社会身份在近代以前被排斥这一事实，以及用歧视的目光远远看待他们、将其作为恶行象征的人及"学者"们。

第二部分

吹笛人传说的变容

第一章　从吹笛人传说到捕鼠人传说

饥馑和疾病 = 不幸的记忆

不管 1284 年 6 月 26 日实际上发生了什么事情，该事情都随时间的流逝而被忘却。而对事件的记忆却时常触碰到人们的生活，在此维度上，这一记忆换上了新的面貌，持续活在人们心中。在与外部世界的关联上，后世学者给予这一事件各种评价，但在与此完全不同的另一维度上，这一记忆在庶民之中生长。因为不管世界上的大人物如何看待它，这则传说对哈默尔恩的市民来说终究是他们市镇上的事情，而且作为唯有痛苦才能唤起的伤痕口耳相传下去。

哈默尔恩的人们每次想起这件事，回忆的丝线直接连到的，或许是哈默尔恩从教区修道院统治独立出来的苦难过程，以及城市在不断迎来经济繁荣时的贫富差距增大，乃至屈服在韦尔夫家族统治之下的经历。各人所处的社会地位不

12—13 世纪欧洲出现的饥馑

发生年份	东欧国境地带	奥地利	波希米亚	北德意志（陆地）	北德意志（沿海）	南德意志（拜仁东部）	南德意志（拜仁西部）	洛林、东法兰西	莱茵河中游	比利时、莱茵河下游
1118										∨
1120				∨						
1124				∨						∨
1125			∨	∨		∨				∨
1126							∨			∨
1139										∨
1140				∨						
1142										∨
1143										∨
1144				∨			∨	∨	∨	∨
1145		∨		∨				∨	∨	
1146				∨		∨	∨	∨	∨	∨
1147									∨	∨
1149		?								
1150		∨					∨	∨		
1151				∨			∨	∨	∨	∨

（续表）

发生年份 ＼ 地区	东欧国境地带	奥地利	波希米亚	北德意志（陆地）	北德意志（沿海）	南德意志（拜仁东部）	南德意志（拜仁西部）	洛林，东法兰西	莱茵河中游	比利时，莱茵河下游
1161										✓
1162				✓				✓		✓
1164					✓					
1166				✓						✓
1175										✓
1176							✓	✓		
1177						✓		✓		✓
1183										✓
1195		✓					✓			
1196				✓		✓	✓		✓	✓
1197						✓	✓	✓	✓	✓
1198						✓	✓		✓	
1205				✓						
1206		✓								
1211						✓				
1216		✓								
1217	✓	✓	✓	✓	✓	✓				

（续表）

发生年份 \ 地区	东欧国境地带	奥地利	波希米亚	北德意志（陆地）	北德意志（沿海）	南德意志（拜仁东部）	南德意志（拜仁西部）	洛林、东法兰西	莱茵河中游	比利时、莱茵河下游
1218				√						
1219					√					
1220							√			
1221	√									
1223	√									
1224						√		√		
1225				√	√	√	√	√	√	√
1226				√	√	√	√		?	
1231						√				
1233	√							√		
1234		√						√		
1235		√						√		
1241	√									
1242	√	√								
1252		√	√							
1253								√		

（续表）

发生年份／地区	东欧国境地带	奥地利	波希米亚	北德意志（陆地）	北德意志（沿海）	南德意志（拜仁东部）	南德意志（拜仁西部）	洛林、东法兰西	莱茵河中游	比利时、莱茵河下游
1255		√								
1256		√					√			
1261		√								
1262			?							
1263	√	√	√							
1264	√									
1269							√		√	
1270				√	√	√	√			
1271	√			√	√	√	√			
1272				√	√					
1273					√					
1277		√								
1280			√							
1281	√		√							
1282	√		√							
1294							√			
1295						√				

（续表）

地区 \ 发生年份	东欧国境地带	奥地利	波希米亚	北德意志（陆地）	北德意志（沿海）	南德意志（拜仁东部）	南德意志（拜仁西部）	洛林、东法兰西	莱茵河中游	比利时、莱茵河下游
1296										√
1305								√		
1306			√							
1309				√						√
1310						√			√	
1311		√				√	√			
1312							√			
1313						√	√			
1314			√							
1315				√	√	√	√		√	√
1316				√	√		√		√	√
1317	√	√	√		√	√				

Curshmann, F., *Hungersnö te im Mittelalter.* 1900(1970) S. 84f

同，这些回忆的丝线也延伸到不同的方向。在 15、16 世纪，底层民众的贫困问题完全无法解决，极端地说，就算在整个欧洲地区，一直到 19 世纪饥馑问题都没有得到解决。经济史学家阿什顿贴切地说，在 18 世纪前半期，即便是当时欧洲先进国家的英国，也因为间歇性出现的饥馑而被夺走巨大数量的生命。中世纪欧洲反复出现饥馑、瘟疫、歉收等状况，几乎每年都有地方出现。

我们看一下上文中由库什曼制作的展示饥馑分布的表格。

哈默尔恩在表中属于北德意志内陆，这片区域仅 13 世纪就在 1205、1217、1218、1225、1226、1227、1271、1272 年出现饥馑，而在 14 世纪初期，则是 1309、1315、1316 年。不仅是这一地区直接出现饥馑，周边地区的饥馑也会对这里造成重大影响。因为投机、垄断购买、向饥馑地区运送粮食等也会造成粮食价格急涨，威胁到一般民众的生活。实际上，相比于表格中显示的饥馑本身，由其引发的恐慌以及作为结果的物价高涨，对一般民众生活的打击更是决定性的。因为饥馑会随时间而结束，但上涨过一次的价格很难降下来。如库什曼所述，在发生饥馑或歉收的地区也有很多粮食储存。只是其价格对一般民众来说高到无法购买而已。

根据《克桑滕编年史》的记载，饥饿的穷人吃狗、猫、驴、马，在《科尔马编年史》中他们也吃狼、青蛙、蛇。根据马达努斯·冯·赖歇尔斯贝格的记载，1145 年，饥饿的人们有时候从生牛肉中挤血喝，并且吃生肉。在碳水化合物方面，穷人用葡萄酒的沉积物代替面包，吃树根、野草、树皮，结果也有人误吃毒草而送命。据说在843年的法国，人们在泥土中加入一点点面粉制作面包，而根据奥帕瓦的马丁记载，匈牙利饥饿的人们吃光了一座山坡，将它变成了平地。这些土或许就是我们在第二次世界大战期间以及战后粮食困难时代中体验过的、混入观音土的饼干或面包一样的东西。

饥饿在什么时代都会将人逼入命悬一线的状态。整个13世纪，中欧确定有人吃人的现象。仅被认为确凿的文献就有793、868、869、896、1005、1032年的德国和英国，以及1085年的意大利的报告。1233年、1315年的立窝尼亚，1280—1282年的波希米亚，1317年的波兰和西里西亚也有报告。其中也有在市场上售卖死人肉的例子。

于是，饥饿的人常常为了寻找食物而移动。农民也会丢弃房子和耕地，踏上没有目的地的流浪之旅。饥馑时期，大量贫民像这样在整个欧洲地区寻找食物，徘徊往返。我们始终必须要看到，中世纪政治史或文化史中如罗曼式、哥特式建筑所象征的华丽叙述背后也有大批沉默民众。他们骨瘦如柴，面容呆滞，抱着濒死幼儿，步履蹒跚。因此，我们必须要改变仅仅依靠以勃艮第的威波、弗赖辛的奥托等为代表的所谓中世纪史著名历史叙述者、编年史作者的文献来进行研究的方式。

流浪的父母及其孩子

因为他们仅仅关注国家性事件的大范围情况，一眼不顾民众的历史。冰雹、歉收、饥馑、经济波动等事情和他们的记载无缘。让我们睁开眼睛的不是这种著名历史作者的记载，而是无名修士们留下来的地区编年史。他们详细记下身边的事情，连自然现象都包括在内。我们能从那里推测出当时民众的生活状态。这些记载的绝大部分内容都是同时代目击者写下的，因此很有信服力。

从这些朴素的修士的记载中可以知道，饥饿的人群为了寻找食物长途跋涉。据说，1280—1282年波希米亚大饥馑时，饥饿的难民抵达德国的图林根、亚琛等地。同一时期，难民从波兰的克拉科夫晃荡到俄罗斯、匈牙利，而1317年一些人从德国西部开始四处乞讨，抵达吕贝克和波罗的海沿岸。12世纪和13世纪前半期出现在荷兰的饥馑、瘟疫、洪水等也被认为是造成人们东向移民的一个原因。1145—1147年，即第二次十字军东征前不久也发生了饥荒，我们能很容易看到十字军和饥荒之间的密切联系。

饥馑、歉收、瘟疫带来的不只是人口绝对数的减少，也会通过这种难民流浪使一定区域内的人口急速减少。如前文所见，中世纪时这种事情反复出现，因此在哈默尔恩地区人们也遇到同样的事情，每次经历饥馑、歉收、瘟疫、难民（流徙）增加等带来的人口减少时，他们就再次回想、流传可称作这种体验原点的1284年"130个孩子的失踪"。因为如吕讷堡抄本中所见，哈默尔恩的人们将日常值得注意的事

"三十年战争"中被围攻的哈默尔恩（1633 年左右）

情用"孩子们失踪后……日"的方式计数。

多伯廷在史料集中收入了两份 1500 年前后的市民信件作为例子。相比于以基督诞生多少年来计数的教会历，这可以说是民众从自己的体验中产生的民众历。而且因为饥馑、歉收等的情绪绝对不会一样，在各个时代出现的新状况中，对于这一"事件"的回忆应该也以新的样子流传了。

但是，我们无法寻找这种口头流传在 16 世纪中叶以前的变化。因为如前文所述，截至 16 世纪中叶只有前文中的三份史料，这个传说仅仅作为哈默尔恩这个小城镇的地方事件在市民之间由祖母传给孙子。1492 年康拉德·策尔提斯的

《萨克森编年史》中丝毫没有提及这个传说。

不过，到了 16 世纪中叶，围绕这则传说的环境发生了决定性变化。一是因为在以宗教改革、农民战争为起点的宗教性、社会性变动中，人们周遭的社会环境发生了变化；二是因为促进德国文艺复兴的印刷术的发展，以及福音主义神学催生了对历史、自然现象的新看法。但是，正是因为如此，我们的传说研究直面从这个时代一直到现在的宿命性难题。

不用说，传说是在民众之间流传的事物。但是，每次有属于知识阶层的人将其写下并加上评注后，就必然会影响到民众的口头流传。况且，将传说的解释变成对民众的宗教性教化和精神性训育手段时，原本的传说也会变得面目全非。"哈默尔恩的吹笛手传说"也不例外。围绕这则传说，教会、市政府、学者之间不断进行激烈的争论。被卷入这种争论后，我们很容易看不见传说本身的模样。

在此状况中，追寻传说变化痕迹的方法只有一个。即注视诸种讨论、争议背后翻涌的各种人的动向，并评价在此之中的传说变化。自然，如不能完全解决史料性制约的问题就无法彻底实践这种方式。但总归不能迷失的基本线是由庶民传承的鲜活形式的传说，与被纳入知识阶层世界观之中的传说之间的差异。

《汉斯·泽洛斯日记》

从这种观点来看，班贝格的代理市长汉斯·泽洛斯的日记很重要。在 1553 年勃兰登堡－库尔姆巴赫藩侯阿尔伯特·阿尔西比亚德斯（1522—1557）与萨克森公爵莫里茨（1521—1553）之间进行所谓藩侯之战时，泽洛斯和七八位班贝格市民被阿尔伯特作为人质被捕，要求班贝格市提供军费，返程经过下萨克森地区时在哈默尔恩市停留两三日。这时他得知了 130 个孩子失踪的传说。作为俘虏的泽洛斯在日记中记下了这则大概是从朴素的民众那里听到的故事。

市民说，城镇往外火枪射程左右的距离有座山坡，称作卡尔瓦略。1283 年，一位被看作乐师的高个子男子出现，穿着各种颜色混合的上衣，在市内吹起竖笛（pipe）或笛子。于是，市内的小孩子一起跑出来，走到刚才说的那座山，沉入其中。只有两个小孩光着回来。一个是哑巴，一个是盲人。据说母亲们为寻找自己的孩子冲出去，紧紧追着男子，他便威胁说三百年过后会再回来，夺走更多的孩子。失踪的孩子总计 130 人。男子说的三百年后是 1583 年，这个市镇的人们计算发现还剩三十年，怕他再次前来而心惊胆颤。

这则史料的重要性在于它是口头流传内容，而且是获允返回故乡的人质从朴素的民众那里听到并记录在日记中的故事。泽洛斯在此之前完全不知道这则故事。他对这则第一次听说的故事很感兴趣，将其记在日记中，但不是为了发表或者有别的目的。实际上，泽洛斯的日记长时间沉睡在班贝格档案馆中，对于此后传说的发展没有任何影响。

凝神倾听泽洛斯记载的这则故事时，我们隐约可以看到在16世纪中叶，哈默尔恩市民的生活中也仍然承受着某种恐惧、不安。

哈默尔恩市在1540年，也即泽洛斯停留在该市的十三年前，基于市议会和市民的提案已经改信路德派，完成了宗教改革。市内上层阶级的子弟中有更多人前往德国各地大学读书，人文主义者也增多，历史学家所说的"通向近世的序曲"也应该开始了。但是，不能通过文章表达自己的民众不是以基于新福音的宗教，也不是以从新教养中获得的世界样貌，而是以三百年前的"事件"为原点审视现在的不幸。也可以说，民众依然生活在基督教普及以前的"咒术、神秘"的思维世界中。

不过，害怕三百年前曾袭击这座城镇的"吹笛人"可能再次出现，抓走更多的小孩，不只展示了民众思维世界古老的、前基督教式的信仰状况，更是在讲述着他们的不幸创伤即便在三个世纪的时间变动中仍没有愈合。

首先是洪水带来的大灾难。1552年1月，威悉河大泛

教堂前面成群的乞丐与病人（奥格斯堡，1532）

滥，架在河上的石桥都被冲毁，城镇全部被淹。当时河水的高度现在还刻在提埃门的墙壁上。同年夏天，作物歉收与随之而来的粮食价格高涨袭击市民，1551—1552 年市内出现大火，160 间房屋被烧毁。这一年年末，鼠疫蔓延，仅哈默尔恩市就有 1400 人死亡。富人和教堂的修士此时从市镇逃走。比这些灾难更不堪忍受的是宗教战争，1550—1553 年，战斗就在市门前面进行。激烈的宗教战争带来灾难，而宗教改革完成的过程中也有各种各样的斗争。

如前文所见，哈默尔恩市有天主教的教区修道院，自古就对市民有很大的统治权。不用说，市镇独立也是从教区修道院的控制下独立。1540 年，市议会和市民改信路德派，哈默尔恩获得了从教区修道院的控制下独立出来的宗教武器。所谓宗教改革，便是这种和政治性、社会性对立难分难解的宗教性改革。因此，宗教战争在市镇前面上演，双方子弹乱飞，在1551—1552年，洪水、鼠疫、火灾一而再再而三地带来令市镇几乎绝望的厄运，教区修道院和留在天主教会的市民一起宣称这种不幸是神惩罚的结果，将人们打入恐怖的深渊。

在连续的不幸事件之下，人们不仅无法过平凡的日常生活，知根知底的邻居、同伴还被分隔在两个政治、宗教阵营，互相发泄不信任的感情。在这种氛围中，哈默尔恩市也出现了审判女巫的事件。1532年4月26日，伊丽莎白·施吕特因为谋杀也是新教保护者的艾里希公爵的妻子伊丽莎白而被审判，要求招供。根据供词，她和其他几个女性一起在科尔登菲尔特把野鸡心脏、猫脑和毒蘑菇混起来煮，然后令人涂在面包上。也有人说是取蝮蛇和蟾蜍的肝脏与其他东西一起烤，然后放入锅中。施吕特自然被杀了。在审判记录中，市民们的兴奋历历在目。（《哈默尔恩史料集》，第542页以下）公爵夫人受市民敬爱，因此市政当局通过审判暗杀她未遂的女巫施吕特，转移市民无法排解的不满和愤怒。

记载于吕讷堡抄本末尾的巴西利斯克（龙）也在这时再度复苏。人们相信鱼门街的水沟下有一条巴西利斯克，吐着毒气，谁被它盯着就会死掉。

泽洛斯在这种不幸事件尚未远去的时候在这座市镇停留。洪水、火灾、鼠疫造成大量民众死亡，仅此就远远足够让哈默尔恩的市民想起过去的伤痛了。

悲惨的命运袭来时，民众要如何做才能忍受呢？他们会同过去的经历或传说比较，计算现在不幸的程度。因鼠疫、洪水、火灾而失去孩子的父母互相诉说、安慰着这种不幸时，话题的走向大概就是过去哈默尔恩130个孩子被"吹笛人"（恶魔）带走的事件。小时候让父母讲的睡前故事中的传说，此时作为身边的事情，异常栩栩如生地逼近人们。灾难或许也不会就此终止。市内多达1400人死亡。明天，死亡之手或许就触摸到尚在人世的最后一个小女儿。这种恐怖袭上心头时，往日的传说不再是完成时态，而正是眼前正在进行的事情，再次出现在人们的意识之中。

"吹笛人"成为高个子男人，直接在孩子母亲面前现身，也可以说是真切地展现了人们的恐惧。我们在此能清晰地看到"哈默尔恩的130个孩子失踪"传说在民众之间传承的典型变化。

但是，泽洛斯讲述的传说中，"吹笛人"变成高个子男人，向孩子母亲说出可怕的话语。此处"吹笛人"是不见于中世纪史料中的魔术师式形象。从日常、朴素的形象变成非日常、魔术师式的形象是传说的常事，并非特别不可思议，而且此处也不是没有相应的舞台装置或缘由。

发挥作用之一的是科彭这座山。虽然它实际上只是一座低矮山丘，但那里是中世纪初期以来的刑场，附近也建造了模仿基督背负十字架的各各他（卡拉瓦略）的巡礼路，它是基督教的神圣之地，同时过去也是古日耳曼时代以来原始信仰的神圣之地。换句话说，作为基督教信仰和异教传统的交汇点，这座山对中世纪末期的民众来说是神秘区域。因此我们能够想到，"吹笛人"在这座山消失的记忆容易被神秘化，这则传说本身也转化成神秘的不明失踪传说。

吕讷堡抄本中被描述为"穿着高级衣服的 30 岁左右的美男子"，到 1571 年变成了"陌生的吹笛人"，到 1588 年变成"骗子"，到 1599 年则变成"魔术师"。通过将不幸的记忆变成神秘故事，共同体承受的过去之痛从地方经历飞向了普遍世界。

"吹笛人"以魔术师式形象出现，另一个原因在于神学家和神职人员。如前文所述，哈默尔恩市内发生的新教与旧教的争执是全德国，不，全欧洲范围内的对立，而且它不单单是宗教上的论争，也是政治性、社会性的对立。天主教信仰虽说没有扎根民众心灵底层，但也成为中世纪初期以来的悠久传统，即便已经形骸化，但其传统的力量仍影响人们日常的各种活动。因此传播新教义的路德派神学家和神职人员，不仅要进行宗教上的高层次辩论，也必须挑战形成这种日常生活规范的天主教秩序。不计其数的圣人究竟是什么？一年中持续不断的节日究竟是为什么？人们开始质疑这些事情。

毋庸赘言，这种疑问的背后是教区修道院征收的各种负担、俸禄、弥撒、赎罪金、献金等经济重负。宗教改革的完成，几乎推翻了教区修道院的统治（1576 年，教区修道院议会成员全部变成了路德派，1848 年教区修道院正式解散。德国的"中世纪"在某种意义上一直持续到 19 世纪），但同时也必须给民众提供替代它的新日常生活规范。

权威化的传说

不过，宗教改革之后的新日常生活规范，必须在和两个强大敌人的对抗中贯彻实施。一个自然是对抗中世纪以来形成日常生活外在规范的悠久的天主教秩序，对此，他们以信仰的内在性、纯粹性对抗。另一个是对抗在漫长的天主教统治下仍然在德意志民众心中深处持续存在的异教习惯，或者也可以说是对抗原始的生活感情。这种习惯或感情作为对外部传道所带来的天主教统治的无声反抗，如地下水一样流淌不绝，如前文所见，在节日等时候喷涌而出。新教的普及，也即宗教改革的展开，在基础方面充分利用了这种能量。因此，宗教改革虽说也算成功，但之后试图压制这种原始性、异教性的能量就非常困难了。

哈默尔恩也从汉诺威聘请市民精神的管理者，试图实施严格的日常生活规范。1540 年市议会的立法除设立学校、奴仆相关规定外，甚至对婚后生活都有具体规定。比如，夫妇如无特别理由而要分开，则劝告其和解，如果劝告无效，则有错一方要打扫市镇直至和解，如果双方均有错，则将其流放到市镇外直至和解。此外，市政府也发布结婚仪式等民众日常生活行为规范，并严格管束。

但是为了法律规定能有实效，法律必须要有权威。这种权威在世俗性上来自市镇与邦国君主联合，在背后支撑它的新的宗教权威则正在形成。对于民众来说，新的宗教权威与其说来自译成当时低地德意志语的《圣经》，不如说是通过唤起恐怖的情绪而形成的。

市政府与教会利用哈默尔恩一般民众对 1551—1553 年的灾难的恐惧与余悸，试图拿"吹笛人传说"证明其权威，将这个故事作为教导民众的手段。因此，最重要的工作首先是赋予中世纪以来没有固定形式、以口耳相传的方式在民众间流传的关于"130 个孩子失踪"传说的公认形式。1556 年，市政府在市镇的新门上雕刻了拉丁语的碑文，其内容如下：

1556 年 / 也就是魔王（Magus）将 130 个孩子从市内 / 带走的 272 年后，此门建立。

这里的"吹笛人"被写作魔王。魔王并不仅仅是魔术师，换句话说，它的典型形象是《浮士德》中神秘的黑暗世界的统治者。这种拉丁语的称呼应该不会在民众的思维世界中扎根，"吹笛人"故事中也有别的拉丁文惯用语，因此"魔王"这个词语明显是市政府有意为之。他们能做出这样的解释，也是因为有很多神学家支持。

立在哈默尔恩市新门附近的石碑

　　这个时期，这则传说已经通过游历的手工业匠人等传播到整个德国。当时的神学家也对它很感兴趣，出了数本关于它的书籍。其中最早研究这则传说的是神学家尤布斯·菲切利乌斯的《关于当前时代的奇迹》（法兰克福，1556 年）。菲切利乌斯这样写道：

　　　　关于恶魔的魔力和邪恶，我讲一个真实的故事。大约一百八十年前，在萨克森地区威悉河沿岸的哈默尔恩市，恶魔在抹大拉的马利亚日（7 月 22 日）以人的样子出现，沿小路徘徊，吹起笛子，将少男少女等许多小孩子诱惑出来，带着他们出了城门走到山里。恶魔和儿童在那里一起突然消失了。孩子们去了哪里？谁都没有办法知道。一位照看孩子的小保姆远远地跟着孩子，之后告诉父母们这场突变，于是人们不管海陆，向所有地方寻找。孩子被抢走、带走了吗？他们去了哪里？任凭问谁也没人知道。这件事令父母悲伤痛苦，成为神对犯罪发怒的恐怖事例。这件事在哈默尔恩市的法律文书中也有记载，被很多高级别的人士阅读、传承。

这里"吹笛人"明确被视为恶魔，一种新解释首次出现，即作为神对人类罪行的愤怒的灾难结果，吹笛人将孩子抓走。而且，照看孩子的小保姆在后面跟着并在之后通知父母的部分也在此首次出现。另外需要注意的是，已经有很多人看过了哈默尔恩市的法律文书（可能是法典）。我们知道"吹笛人传说"这个时候在德国内外已经广为流传。而且菲切利乌斯说它写在市法律文书上因而被很多高级别人士阅读、传承，觉得这则传说很像是由上层人基于某个有来由的依据而传承的。在此意想不到的是，菲切利乌斯的想法和哈默尔恩市政府试图自上而下地将这个民众口耳相传、没有固定形式的传承故事纳入一定框架之中的目的一致，这种看法对这则传说以后的发现也是关键一步。因为无论如何，菲切利乌斯的记载作为传播这则传说的最早印刷本，对它的普及

愤怒地将孩子交给恶魔的父母（丢勒）

和变化具有决定性影响。此前的史料全是手写本，没有流通性，影响力有限。

此时各地都已经有新教神学家开始解释这个神话，菲切利乌斯是第一人。斯潘努斯也认为将"吹笛人"转变成恶魔是神学家及神职人员所为。早在 1557 年，卡斯帕尔·高德沃姆·阿特西奴斯在法兰克福出版《奇迹与奇迹征兆之书》一书献给黑森伯国腓力一世，但该书明显是以上述菲切利乌斯的书为母本。除此以外，也有很多作者以它为基础传播了

给老鼠施魔法的捕鼠人（《魏玛的奇迹之书》）

这则传说。1573 年，安德里亚斯·洪多夫在《历史性事例之书》中，通过下文的记载传播了这则传说。

"孩子要去学校或教堂，不能让他们在路上随意跑来跑去。作为例子我们正好看一下这个故事。"在如此开头之后，后文几乎全文介绍了菲切利乌斯的文章。这里他依照路德的《小教理问答》中出现的孩子对父母的服从义务，以及关于恶魔的语言等，将这个传说变成了教训故事。如果父母放任小孩，孩子就会被恶魔隐藏以示惩罚。路德自己这样说道："我小的时候有很多女巫、妖术师，他们对猫和人类，特别是小孩施魔法，此外也造成很多灾害。"

完全一样的内容在曼斯菲尔德伯国的神父沃尔夫冈·比特纳（1530？—1596）1587年的《历史拔萃》中也有记载，这样的例子还有很多。这样，通过许多神学家、神职人员，这则传说被吸收到教训故事之中了。

于是，神学家视"吹笛人"为恶魔，开始将这则传说放入其教义体系之中看待，那么这里必然会出现神正论的问题。也就是说，神为何允许恶魔带走没有犯罪的孩子。对这个问题的一个回答可以在神学家、神职人员已经提出的见解中看到，即那是"父母监督不周"或者"民众行为不端"的结果。这是从政府、教会的权威一方出发，站在要强制民众遵守新的日常生活规范的立场上提出的解释。

对于这个问题的另一个回答完全从别的立场出发，以另一种形式出现。我想那也正是"吹笛人传说"与"捕鼠人传说"的结合。

从"吹笛人"到"捕鼠人"

如前文所见，在被认为是1565年成书的《席莫伯爵编年史》中，"捕鼠人传说"首次出现在"哈默尔恩的130个孩子失踪传说"之中。在此之前，这则传说中完全没有"捕鼠人传说"的母题。因此，我们再来看看《席莫伯爵编年史》。

前文已述，这本编年史完成于德国南部与瑞士、奥地利接壤的博登湖北部的梅斯基希，有两份手抄本。它是记录该地截至 1557 年事情的编年史。作者是席莫伯爵弗罗本·克里斯托夫和约翰内斯·缪勒。根据它的记录，1538 年梅斯基希出现大量老鼠，后被从城内赶走。驱走老鼠的是生于贝尔林根的冒险家。而且，它记载 1557 年施旺高也出现了老鼠激增的事情。而在这两个故事中间，我们的传说以下面的样子插入其中：

这里再次遇到老鼠的问题，因此不得不提在威斯特伐利亚地区的哈默尔恩市过去用同样的方法驱逐老鼠时的奇事。因为它的神奇之处在我们听过的奇异故事中也值得一说。而且，从这个故事中我们也能看到全能的神对其所创造之物施加了"人类理性无法理解的"奇迹。

在几百年前，威斯特伐利亚的哈默尔恩市市民遇到了不计其数的大群老鼠侵害，烦不胜烦、苦不堪言。偶然，或者说是神的意志，那里出现了一位陌生男子，或者说是冒险家。那个时候，德国也这样称呼流浪学生。男子听到市民的苦恼及诅咒的话语，提出如果市民支付报酬，就如他们所愿将其从鼠害中救出来。人们非常欢迎男子的提议，约定支付几百盾的大额报酬。于是，男子将笛子放在嘴边，在城镇的所有小路上一边走一边吹。不一会儿，镇中的老鼠从家家户户的屋里争先恐后地跑出来，聚集在男子周围。多得让人无法相信的老鼠跟在他身后。于是，男子把这群老鼠赶到附近的山上。这之后城镇里一只老鼠的痕迹都看不到了。男子请求得到约定的报酬。然而市民拒绝，并这样回答道：虽然确实是违反约定，但是市民认为男子没有付出任何努力，也没有花费费用，大群老鼠就消失了。男子并没有做什么特别的工作，也没用使用特别的技术。因此，男子不应该要求得到这么多金额的报酬，一点点金钱应该就够了。可男子并没有撤回请求，继续坚决地要求获得约定的金额。于是他说，如果不支付的话市民们一定会后悔，到那时就不可挽回了，所以还是按照自己的请求支付比较好。市民仍然说金额太高了，没有支付。男子看到报酬无望，又像之前那样吹着笛子在镇上走。于是，镇上八九岁以下的男孩女孩全都跟在男子身后，走到附近的山里。那座山如奇迹一般，打开来迎接孩子，男子在无人知晓的情况下和孩子们一起消失在山体中。山体再次关闭，以后哪里都没再见过该男子和孩子们的身影。这样，市镇承受语言无法说尽的痛苦。但是市民们什么都做不了，只是向全能的神祈祷，承认自己的罪。为了将这个奇迹永远传递下去，哈默尔恩市在所有文件上除了记下基督诞生后的日期以外，还加上"孩子们失踪后多少年"这样的记录……

这则记载中老鼠不是被带到威悉河，而是被带到山里，除此之外和后来的传说几乎一样。前文已述，这则记载首次将孩子的失踪解释为"捕鼠人"的复仇，"捕鼠人"第一次作为这则传说的主角登场。我们也要注意的是，这份记载中的传说和我们知道的一样，基本上是以完整的形式出现。

此外我们也不能漏掉，这里"有逻辑地"解释了市民没有支付约定的报酬。

在中世纪城市内部，金钱原则与身份制原则相争，强调自身。前者的中坚力量是商人阶层和手工业者。他们相信自己汗流浃背的劳动才是生活的源泉，因此不依赖当初祖先传承下来的地位或超自然的力量，全神贯注于日常工作。对于这种市民来说，"捕鼠人"的行为虽然从结果上值得感谢，但行为本身并不是能够承认的事情。在配备齐全现代化设备的医院里，魔术师来到无药可救的患者房间，瞬间令病人完全康复。此时医生对魔术师是什么感情，当时的市民大概就是什么心情。市民们在自己各种努力之后仍陷入床被啃破、几近不能饮食的地步，可"捕鼠人"不费吹灰之力，仅仅吹着笛子就驱赶走了老鼠。他不是市民世界的人类，而是从过去的咒术世界来的使者。市民否定那个世界，从中获得解放，从而建立起市民的（合理的）世界。不管结果如何，市民认为这种"捕鼠人"的工作很低级。因为对于他们来说，工作（Arbeit）才是所有价值的源泉。但是，认为工作是所有价值的源泉才给予合理的评价，会产生极其非人性（反伦理）的结果。全世界的人都能读出"捕鼠人"复仇的母题中，也包含了对这种现代市民社会中"工作／劳动"的单纯逻辑性思考的批判内容。

那么，为了探查"捕鼠人"在"130个孩子失踪传说"中突然出现的理由，我们必须从其他类似的"捕鼠人传说"故事中看看当时的"捕鼠人"究竟是什么样的人。

类似的捕鼠人传说

不难想象，在中世纪欧洲的城市乃至农村，鼠灾都很严重。在冬季大雪覆盖的德国，几乎所有地方都会有恼人的谷物储藏问题。

1972年10月，在康斯坦茨召开中世纪史研究会时，普鲁士中世史研究者边宁荷夫报告关于普鲁士城堡中庞大的谷物储存量时，对于其庞大数量，出席者全都震惊了。当时，一位研究者这样提问："不过，这么多的谷物大概是老鼠惬意的住处，普鲁士对此采取了什么措施吗？"报告者对此自然不能给出肯定的答案。各地的城镇也好，城堡也好，都必须做好老鼠导致谷物储藏量减少的心理准备。

日本自古以来就有的安装挡鼠板、在过道下面埋海带的方法，对于欧洲的建筑结构、饮食生活来说应该没法使用。但是，谷物是当时人们的主食，要生活下去就不可或缺，所以大家在漫长岁月中必须采取各自的某些对策。在此登场的就是掌握驱逐老鼠秘方的职业技术人员"捕鼠人"。他们后来组建了行会，但一开始并未定居，而是在各地零星出现，通过秘方赶走老鼠获得报酬。欧洲各地都有关于"捕鼠人"的故事流传，以下看几个例子。

1. 1250年，巴黎旁边的德朗西列努斯村里出现大群老鼠，受灾扩大。于是，村人喊来嘉布遣会修士安基奥尼尼，约定报酬，委托他赶走老鼠。这位魔术师一边从自己的袋子中拿出小小的魔鬼（Demon），一边唱着一本小书上的魔法咒文。于是，不计其数的老鼠聚集在男子周围。男子便走向附近的河，脱下衣服跳入河中。老鼠也全都跟着他跳入河中淹死了。男子请求报酬时，不知恩图报的村人表示拒绝。于是，这个机灵的男子从袋子中取出一个小小的号角吹起来。这时，村里的家畜，从牛到鸭子全都跟着男子后面走。这次男子走向相反的方向，与被施了魔法的家畜一起消失了。村人想要阻止，但是谁都无计可施。

这则法国传说记载在1824年的杂志《海盗》上，明显与哈默尔恩的传说独立传承。故事的情节非常相似，但是它和哈默尔恩传说不一样，本质是明亮的故事。我们想象一下许多牛、鸭子跟在身后，从村庄离开的男子的形象就明白了。嘉布遣会的修士的形象也很鲜活，是现世性的。

2. 在波罗的海吕根岛西边，有一个叫乌曼茨的小岛，在它南边有个更小的岛，被称作"鼠岛"。以前乌曼茨岛上出现过大群老鼠，居民十分苦恼。那时出现一位岛上不曾见过的"捕鼠人"，以高额报酬为条件将所有老鼠引诱出来，在乌兹村那里渡海，将其赶到相邻的岛上。此后那个岛就被称作鼠岛。乌曼茨岛上之后再也没有出现过老鼠。

与这几乎一样的传说在西波美拉尼亚的卡舒比、西加利西亚的布热斯科也有。

3. 因谷物市场而著名的奥地利科尔新堡市过去也受鼠害困扰。一位男子出现在那里，提出支付报酬金便可将老鼠全数驱逐。于是人们约定了很高金额的报酬。男子吹着笛子，把老鼠全部带到多瑙河中。当他要求报酬时，双方围绕报酬金额出现了争议。市议会拒绝支付，男子便说"那好吧，这样的话也可以"，然后又返回多瑙河岸边，吹响笛子，于是大群老鼠再次回到市镇里，多得都快装不下了。市镇支付了约定的报酬，男子吹起笛子，再次将老鼠带到多瑙河里，这次它们全都淹死了。这个市镇建有老鼠的纪念碑，以纪念从鼠害中解放出来。

这个故事也有另外的流传版本,其中"捕鼠人"要求和市法院院长汉伯里的美丽女儿结婚,但是被拒绝。此处的版本中并没有记录"捕鼠人"的复仇。

4.在爱尔兰的贝尔法斯特也有吹笛人前去,诱骗年轻人去附近海湾处一个洞穴内跳舞,之后施魔法将其带走。这个故事由柯克帕特里克讲述。

5.在洛尔施地区,过去蚁害严重,地里的植物嫩芽都被啃食了。主教命令农民游行祈祷,并在田里请求神的宽恕,于是一位隐者在那里现身,自称受神派遣而来,提出如果受害的10座村子每村支付100盾作为驱除蚂蚁的报酬,就能用这些钱来为神建立小圣堂了。大家都赞成,因此隐者从长袍下取出笛子吹响,遮天蔽日的无数蚂蚁聚集起来,像一座黑塔一样沉入湖中。隐者返回村子要求获得给神的报酬时,人们都说他是魔术师而予以拒绝。隐者并没有惊讶,只是说"那你们受惩罚吧"。不久,隐者再次吹起笛子,这个地区的猪都从猪圈中出来,跟着隐者走到洛尔施湖并在那里消失了。

翌年蝗灾严重,这个地区的农民全都苦恼不已。于是他们去求助主教,但主教说"你们这些不知报恩的家伙要受到相应的惩罚",没提供帮助。村人便又在田地里进行游行祈祷,绕圈走着请求神的宽恕。他们到达洛尔施湖的时候，烧炭人从山上下来和他们说，对村人的惩罚不久就会被消除。但是为了修建修道院，每村必须缴纳 500 盾。村人高兴地答应了。于是烧炭人拿出笛子吹起来，蝗虫成群地围绕在男子周围，和他一起走到斯滕巴尔克，在那里进入大火之中被烧死了。但是，烧炭人回来时，村人像对待隐者一样拒绝支付报酬。于是烧炭人说，"这样呀，那我就随意做了啊"，便拿出笛子吹了起来，这时该地区的羊都聚集过来，和男子一起走到洛尔施湖，在那里消失了。在此期间村人像被施了咒术一样站在那里无法动弹。

下一年，简直像是从天而降的大群老鼠袭击各处村庄。被害甚至波及人身，于是村人又在田里走来走去地祈祷。游行队伍走到洛尔施湖时，山里的妖精现身，告诉他们自己可以立刻解决这个灾难，但是每个村子都必须为此支付 1000 盾。"你们不想为了神而花钱，因此这次至少要为了你们自己花些钱。"妖精要用那些钱在希尔德斯海姆的山路上修建大坝。"那样的话，你们的耕地就再不会被山洪冲毁了。"村人自然立刻同意了这一提议。于是，山里的妖精吹起笛子，召唤了多达几万只老鼠，带到希尔德斯海姆。在那里，山裂成两块，再次闭上时山里的妖精和老鼠便消失得无影无踪。但是村人这次也拒绝支付酬劳。对村人忘恩的报应也是前两次几乎无法相比的残酷。妖精在村里吹起笛子，所有小孩，甚至还在吃奶的孩子也离开母亲的怀抱，跟在妖精身后走了。一行人来到希尔德斯海姆时，一处巨大的绝壁打开，妖精和孩子们走进去，绝壁再次关上，他们全都消失了。村人非常悲伤、后悔，为了下一年不再被惩罚而筹钱，送到沃尔姆斯的主教那里。那以后再也没出现这样的灾难了。

6. 波希米亚南部有很多鱼塘。常常有水精住在那里。水精个子小，穿着绿色的裤子和礼服大衣，留着绿色的头发。布德瓦附近的多布拉维茨村就有这样的池塘，以前有水精栖息。某天，许多儿童在村子旁边玩耍。好像突然从某处出现的陌生男子加入其中。男子从口袋拿出有奇异雕刻的笛子，吹起了数首曲子。村里的孩子们变得非常开心，蹦蹦跳跳，拍着手喝彩。男子一边吹着笛子，一边慢慢远离村子。孩子们都被迷住了，没有注意到。只有一个小孩站住，冷静地目视其他小孩会去到哪里。他们靠近池塘，男子用手杖打向池面，水就被划开，孩子们进入裂口。水面再次闭上时，那里什么都没有了。目睹一切的孩子一边叫着一边告诉村人这件恐怖的事情。村人决心在那里埋伏水精将其抓住。最终，水精在出来散步的时候被袭击，像找水一样在地上挖洞，但无处可逃而被抓捕。人们用绳子捆住水精带回村里。村人非常高兴，在第二天开始审问。水精一开始不回答孩子去了哪里，但是村人威胁要直接将其烤死，因此水精最终请求赦免，约定如果被释放就返还孩子，并且离开这个地方。它发誓遵守第一项约定，请求给第二项约定8天的期限。之后它也定下了最后离开的时间以及接受在离开时被监视。于是村人相信了水精，将其释放。第二天，孩子们回来了，不过被询问时都回答不上来，只是说在开心地玩耍后睡着了。之后就到了水精离开村子的日子。许多村人聚集起来，看到一个踏着浪的小车过来。车上各种奇异的道具堆积如山，水精坐在上面，一边抽着烟斗，一边咻咻地挥着鞭子。可爱的小马以令人惊讶的速度奔跑，一瞬间就从人们眼前消失了。从此以后，这个地方就再没有听过水精的传闻了。

7. 开姆尼茨也有一个传说，说弹奏街头风琴的男子将孩子带走，前往玛利亚堡，在那里一座山裂开，他们全部消失在了里面。（以上1—7全都出自多伯廷的史料集）

8. 过去柏林旁边的埃伯斯瓦尔德出现了大群老鼠。特别是市内研磨谷物的水磨坊严重受损。1607年或者1608年，一位男子向市议会提议说要将这些泛滥成灾的小动物全都驱逐走，任何水磨坊都不会再出现老鼠。一年之中他不要求支付一文钱，一年过后证明不再出现老鼠，则按照之前的约定获得 10 塔勒。于是市议会立即支付 2 塔勒作为预付金。男子在水磨坊中放置了某种东西。然后在看不到的地方也藏了某个东西。第二天，令人惊讶的事情出现了。大群老鼠一只接一只地从水磨坊中跑出来，跳入从旁边流过的费诺乌河，连一只都没回来。一年之后，捕鼠人要求获得剩余的 8 塔勒，也拿到了。据说那以后，市内也好，水磨坊也好，完全看不到老鼠了。（以上出自斯潘努斯的《哈默尔恩的捕鼠人——古代传说的成立与意义》，第 227 页）

驱逐老鼠害虫的对策

以上概观了欧洲各地的"捕鼠人传说"及类似传说，它们和"哈默尔恩的捕鼠人传说"相比应该是独立流传的。

一直到 18、19 世纪，欧洲地区的人们仍然被这种虫鼠灾害和自然灾害持续折磨。鼠害大多是和收获后的谷物储存相关的问题，但像第 5 个故事中洛尔施地区所看到的蝗虫（飞蝗）灾害也有很多事例。

根据《富尔达编年史》，早在 873 年这里就有很多蝗虫出现，尚未收获的作物全部被啃食。在蝗虫从富尔达飞往美因茨的一小时里，约 200 约赫（两头牛一天耕的田的面积为 1 约赫，约 0.5 公顷）的谷物被吃光。其结果自然就是饥馑，情形可见于《黑斯费尔德编年史》。也有文献记载 941 年的明斯特出现蝗虫，结果造成饥馑（不过未确认），1021 年的法国史料中也有同样的报告。1242 年匈牙利也出现了蝗灾，造成的田地凋敝比鞑靼人入侵更甚。

对于民众所受的灾害，教会采纳民众传统的习惯，创造了"祈祷免于动物之害"的仪式。在洛尔施地区所见的游行就是其中一种，许多地方也出现了防治动物灾害、保卫人类的圣人。瑞士的圣马格努斯、奥格斯堡的圣乌尔里希等都被人们祭祀。在哈默尔恩，圣格特鲁德也被作为防治虫鼠灾害的守护圣人祭祀。圣乌尔里希是德国南部的守护圣人，而圣格特鲁德是德国北部的。

但是，上述传说诚实地传递出这种教会的仪式和圣人并非只是让人心安。因此人们将希望寄托在隐者或流浪者等身上，这些人被认为住在无法摸着实体的超世俗世界中。生活在城市和农村，处于彼此连对方肚子里的蛔虫都能知道的环境中的人们，认为从未知地方游历而来，又前往陌生地区旅行的流浪者本身就像某种神秘异世界的居民，似乎拥有自己不具备的特殊能力。实际上，一般也认为这些"捕鼠人"掌握某种秘方。

第 8 个故事中，在埃伯斯瓦尔德出现的"捕鼠人"在水磨坊中放了某种东西。这大概是老鼠讨厌的某种药品，实际上，掌握了这种秘方的"捕鼠人"在 17 世纪结成行会，代代传承其秘方。

在各地传说中所看到的那种用笛声招来大群老鼠的方法，似乎也不一定完全是幻想的方法。在20世纪的现代，英国北安普敦郡一位叫海伍德的男子常年观察老鼠，付出巨大努力，最终能够用笛子招来老鼠。这一成果用来驱赶老鼠大概很有效。考虑到猎人在现实中通过模仿雌西方狍的声音招来雄西方狍，或许我们就不能认为传说中的情节一定是虚构的了。

"捕鼠人传说"中共通的是普通民众对于鼠害或者虫灾束手无策，只是单方面承受着灾害，以及驱逐老鼠等害虫、救助普通民众的全都是陌生男子，或者不住在城市或农村共同体内、过着非日常生活的人。

由此可以看到，当时还没有驱除虫鼠的一般性方法，而且当时的人们总是幻想着顷刻间就从难以避免的鼠害中脱身。他们依靠那些过着非日常生活的陌生人一举完美地解决这种很困难的灾害。此外，许多传说中都有的拒绝为"捕鼠人"支付报酬、忘恩的母题显示，"捕鼠人"和前文中的流浪乐师一样，是居无定所、四处游历因而被从共同体秩序中排除的贱民，普通民众对待他们的日常态度、提供的待遇也和对待拥有对等权利的人不一样。

两种传说融合的条件及背景

欧洲各地的"捕鼠人"传说和"哈默尔恩的吹笛人及130个孩子失踪"的相关传说是如何融合在一起的呢？

第一个前提是哈默尔恩自古以来以水磨坊之镇而著名的事实。前文已见，这个镇的纹章是水车用的石头，石磨盘也是它的主要输出商品。谷仓及什一税馆也一定是适合老鼠的住处。哈默尔恩也祭祀作为保护人类免遭虫鼠灾害的守护圣人圣格特鲁德，从此可以看到这个城镇的鼠害绝非小问题。

遗憾的是，有关哈默尔恩鼠灾的记录除了诺伊基希记载的内容外没有留下其他史料。但是在祭祀这位圣人的许多地方（比如奥斯纳布吕克）流传着关于鼠灾和主教驱逐老鼠等故事。因此"捕鼠人传说"出现在哈默尔恩，或者被引入这一地区也不是那么不可思议。

但是，为什么就是"捕鼠人传说"和"130个孩子失踪传说"结合在一起了呢？关于这一点，每个传说中都有的"吹笛人"值得注意。斯潘努斯认为"吹笛人"是将两个传说绑在一起的连接点。听到"吹笛人"这个名词时，当时的人们大概立刻想起游历的流浪人，然后想到"捕鼠人"等事情。如前文介绍，"捕鼠人"故事在欧洲各地都成为传说。

"吹笛人"和"捕鼠人"的社会地位趋同到可以被视为一人，在当时的身份制秩序中二者完全没有区别。因此，关于这一点或许没有深入讨论的必要了。但是"捕鼠人传说"并非仅仅和"130个孩子失踪传说"结合，"捕鼠人"报复忘恩的市民的母题同时也成为此后传说中的主旋律。考虑到这一点，两则传说的结合仍不免让人想象有着某种社会背景。

如前文所见，1565 年德国南端的席莫伯爵将"哈默尔恩的吹笛人"传说作为"捕鼠人复仇"的故事记在日记中。当时流浪的手工业匠人已经周游全德国，因此在哈默尔恩市民之间悄悄流传的"捕鼠人复仇"的故事通过他们传播到了各地。席莫伯爵领地本身也有受过鼠灾的经历，因此偶尔到访此地的工匠聊着各种闲话时，同样鼠灾不绝的哈默尔恩市的事情就成为话题，他们传播了"捕鼠人复仇"版本的孩子失踪传说也十分合理。

1566 年，约翰·韦耶也同样在书中将"吹笛人传说"作为"捕鼠人复仇"的故事介绍。这个故事也已经传到了莱茵河地区。

考虑到这些事情，我们能够看到在 16 世纪中叶，哈默尔恩市的"吹笛人传说"转化成了"捕鼠人传说"。想到韦耶在出版第四版的时候曾亲自前往哈默尔恩，我们也能确认这一点。

"吹笛人"和"130 个孩子失踪传说"作为民众对当时社会状况的反应，由哈默尔恩的民众传承下来，因此，将"吹笛人传说"转换成"捕鼠人复仇"传说的也一定是民众。

那么，有没有能够说明这种转换的条件呢？

如前文所见，1551—1553 年，哈默尔恩市简直让人觉得是被神彻底抛弃了一样，灾难接二连三袭来。烧毁 160 间房屋的大火、夺走 1400 条人命的鼠疫，再加上袭击市镇的大洪水，人们身心疲惫至极。雪上加霜的则是宗教战争。

在下萨克森地区，不伦瑞克-沃尔芬比特尔公爵海因里希（1489—1568）视路德派及其城市为不共戴天的仇敌并准备攻击，对此，哈默尔恩和希尔德斯海姆等城市在1542年结成同盟。但是，哈默尔恩内部残存的支持天主教的骑士阶层和教区修道院势力仍然很强。在这种对立之中，1546年，皇帝向新教诸侯的施马尔卡尔登同盟宣战，新教一方的哈默尔恩和它周边依然留在天主教一方的许多骑士、佣兵分别参战。据说教区修道院和天主教一派的市民提供了费用。因此天主教阵营试图挑拨新教派阵营团结，将哈默尔恩称赞为"丰富的武器库"。被惹怒的新教阵营勇将黑森伯国腓力一世（1504—1567）威胁要破坏哈默尔恩，歼灭"武器库"。听闻此言，激昂的新教派市民袭击教区修道院，将修士绑在树上。但是，皇帝战胜施马尔卡尔登同盟，海因里希返回哈默尔恩附近开始准备进攻这里。哈默尔恩市议会为应对迎面而来的围攻，制作了风车。他们以此展示出为了维护信仰也要和领主战斗的决心。

1553年春天，海因里希的军队渡过威悉河。对此，新教诸侯和城市严阵以待。在此之中，市议会拉拢勃兰登堡-库尔姆巴赫藩侯阿尔伯特作为同盟者。结果，市内天主教阵营和藩侯的军队之间出现了小冲突，后者居然以前者的住房为首，彻底劫掠了市内。市议会为了市镇防御招揽别处的军队，反而使市民遭受严重损失。

这种宗教战争的最大受害者自然是市民，特别是一般民

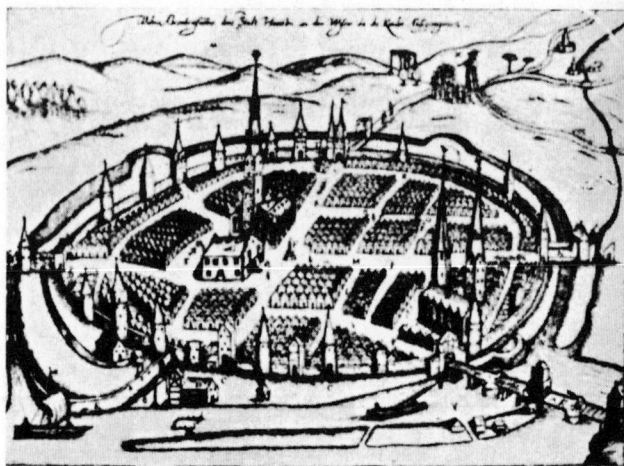

描绘在 1622 年的小册子中的《吹笛人导致孩子失踪》

（下图为上图右上角）

众，他们在 1531 年以来的灾害之上更遭战火侵扰，陷入自暴自弃的状态。市内争吵打架不绝，赌博不只是日常娱乐，反而成为投注生活的事情，自甘堕落的男女关系和离婚成为日常现象。但是，民众再怎么热衷赌博、沉溺于性的娱乐也不能从中获得希望或救赎。他们成群前往附近的皮尔蒙特镇的圣泉朝圣，盲目寻求救赎。前往这个泉水朝圣不久就吸引了许多哈默尔恩以外的人。

不过，在无情的现实生活中遭受的灾难，也使作为政治性、宗教性对立牺牲者的民众萌生出对执政者的批判之心。在约十年前的 1540 年，哈默尔恩附近的艾恩贝克出现大火，但艾恩贝克的人们都相信他们憎恶的海因里希公爵才是放火犯并仇视他。

大约同一时期，"吹笛人和130个孩子失踪传说"在哈默尔恩转变成捕鼠人和市议会出尔反尔的传说。这个市镇自古流传下来的传说，在此突然展现出清晰的政治轮廓，以市议会对灾害有责任却必须由孩子和贫穷的父母来弥补的形式，表达出民众对持续不断的自然、人为灾害的怨念。

在当时的哈默尔恩，民众被迫成为灾害、战乱和持续的无缘由恶行的牺牲者，如果没有面对愤怒、批评而排解怨恨的手段或组织，这些没有文化的普通民众就无法将之记在档案中以排遣愤懑。但是，作为牺牲者的民众正是在这种立场上，切实感受、直面着事情的真实，并以某种形式将其表达出来。这时，不识字的他们拥有的表达自己经历的方式，正是沉积、凝练父祖前人因同样无法排解的痛苦而流传下来的"古代传说"。在社会底层呻吟挣扎的民众的痛苦，如果用语言原原本本地表达出来就过于逼真，在出现的那一刻便被民众认为是虚构的故事。正因为处于痛苦的深渊，所以民众在无意识之中过滤苦难，以超然的形式将其浓缩在一则传说中。于是，即便是自古以来就是人们恐惧对象的"吹笛人"和"捕鼠人"，对民众来说仍是分享自己愤怒、悲伤、绝望的人物。将"吹笛人"描述成和民众一样被人背叛的人物，展示出当时民众深深的绝望。

此后"哈默尔恩的吹笛人传说"以捕鼠人复仇的形式在全世界广泛传播。因为政治、宗教上的主义、信条之争的牺牲者通常只是平民、孩子，这个传说就通过转化成"捕鼠人复仇传说"，从一个地区的传说发展为具有世界性普遍意义的传说。

被传说戏耍的哈默尔恩市

于是，作为捕鼠人对市议会背叛的复仇故事，"130个孩子失踪传说"扩展到整个德国，哈默尔恩市政府便处境艰难了。因为同代人切实感受到了这则传说背后的普遍性真理，并用怀疑的眼神看待市政府。没有自己的世界观，也不具备可构成世界观的学问的民众，通过传说来理解现实社会。

这则传说作为"捕鼠人复仇的故事"在街头巷尾流传开

来时，发挥决定性重要作用的是 1654 年塞缪尔·埃里希的《从哈默尔恩离开》。埃里希是哈默尔恩一所拉丁文学校的校长，他在任时就开始广泛收集资料，在 1643 年已经发现这则传说的核心是真实发生的事情。

退休之后，他成为瓦伦森村的牧师，有了闲暇。虽然哈默尔恩市议会、行会、全体市民都捧着他的书，但完成这本书的埃里希却寻求保护，以免批评他的人伤害他。埃里希完全没有攻击市政府的意图，但这本书未能在哈默尔恩印刷，而是在邻近的林特尔恩。因为许多人讨厌他做的这件事，并横加阻挠。

埃里希认为这则传说是真实的，将其解释为人们犯了某种现在不清楚的罪责，因此恶魔接受神的命令，将孩子带走。而且，基于多份文献中都有的记载，他认为事件发生在 6 月 26 日，以及驱逐老鼠也是真实事件。此外，他认为市政府拒绝向"捕鼠人"支付报酬是合理行为。通过不遵守与魔术师这一方的约定，哈默尔恩市正是以基督教式的方式行动，所以责任不在市政府一方。

他在书中收集了许多素材（资料），以接近现代学术研究的方式讨论这则传说的真伪，或许就是因为这样，这本书成为非常畅销的书籍。他将这个事件与埃尔福特的孩子舞蹈游行、儿童十字军、儿童前往圣米迦勒巡礼、提勒·克鲁普（假的腓特烈二世）等事件并列，视作历史事实。

根据埃里希的说法，这个时代是能够看到这种事情的悲

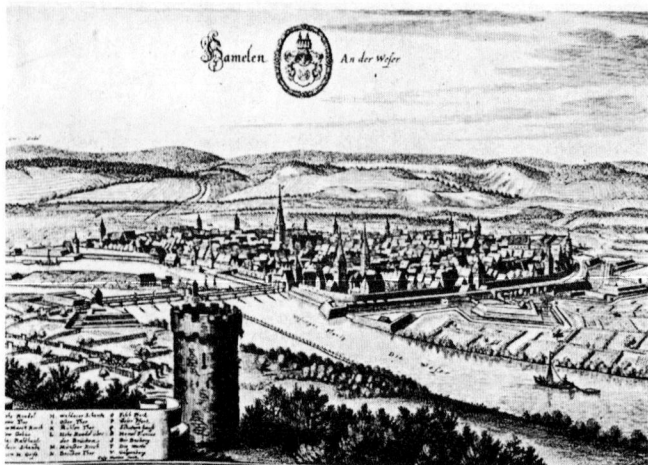

1650 年左右的哈默尔恩（出自梅丽安）

惨时代，在哈默尔恩也能见到恶魔的行径。不管怎么说，埃里希的这本书首次提出这则传说真实与否的问题，成为后世研究的出发点。

　　不过在 1652 年，法兰克福（美因河畔）的梅丽安书店（以地理类书籍而著名）请求韦尔夫家族帮忙编撰新版不伦瑞克–吕讷堡地志，后者便给了关于各城市沿革的报告。1653 年哈默尔恩也提交了《给宫廷的报告》。地志中认为"捕鼠人和 130 个孩子失踪"的传说是创作的故事。哈默尔恩市政府虽然不想在地志中收录它，但是梅丽安书店编辑部的马丁·蔡勒仍然收录。不过，哈默尔恩市的报告中只有 130 个孩子失踪的事情，捕鼠人驱逐老鼠及相关事情被删除了。

正是这本《给宫廷的报告》的出现、在印刷中的埃里希那本书的出版，引起巨大反响。市政府自然认为埃里希的书是对自己提交的《给宫廷的报告》的批评。市议员塞巴斯蒂安·斯皮尔克完成《关于哈默尔恩孩子失踪的反驳》，批评埃里希。斯皮尔克在书中颇为学术地细查这则传说的传承，视其为吓唬孩子的纯粹虚构的故事，并举出市法典中的记录是后加的记载等证据，认为这则传说整个都是虚构的。

过去哈默尔恩市考虑到旅客，特意建造了纪念碑（新门），但现在却自己否定这个传说。市政府的这种态度变化背后是在当时严格的生活规范之下，成为民众愤懑的生活情绪发泄口的女巫信仰、女巫审判的发展。

1652 年，哈默尔恩再次审判女巫，出生于于尔岑的贫穷制鞋匠吉莱门在集市中被烧死。据说女仆们在我们已经无法理解的兴奋状态中，以放火行为表达出对市政府的憎恶。1660 年哈默尔恩也因为同样的契机出现大火，市中心 44 间房子被烧毁。在这种状况下，埃里希的书出版。书中认为视"捕鼠人"为恶魔、包含市政府背信弃义的这则传说全都是历史事实，而且非常好读，因此市政府也无法坐视不管，做出了否定整个传说的行动。

奥唐纳在《月亮》杂志上介绍维恩的理论，据他的研究，市政府很早就开始删除关于孩子失踪的记载，试图掩盖因为络绎不绝的东向移民而造成的人口流出，不过16世纪刚好出现了否定这则传说的积极理由。因为哈默尔恩是以水磨坊制作面粉为重要经济基础的城镇，因此老鼠这一谷物之敌的传言扩散开后，对哈默尔恩的经济繁荣也会造成致命后果。这种说法我们或许无法完全无视。不管怎么说，斯皮尔克的《关于哈默尔恩孩子失踪的反驳》积累了学术性论证，本身是一部优秀的作品，但是它完全没有普及，相反，埃里希的书则多次印刷。围绕这则传说，市政府和沉默的市民搏斗，结果败北。

第二章　现代传说研究的序章

传说的普及和"研究"

"吹笛人和130个孩子失踪"传说只不过是哈默尔恩这一个城市的传说，然而通过加上捕鼠人报复市议会的出尔反尔这一母题而拥有了普遍性意义。

不管在什么地方，天灾和人祸都不会断绝，不管在哪里，政府对平民的苦难都无动于衷。无名英雄根除民众痛苦根源后，政府也不会合理地对待这些英雄，往往反将其定罪，由此生出的灾害最终也必须全部由民众承受。而且成人世界中生出的这种丑恶行为，屡屡由天真的孩子承担责任。只要人们平常也能体验到这种"现实"，这则传说就有打动全世界人的力量。

但是，像哈默尔恩这样的地方小城的传说，在普及全世界的过程中，不是靠之前那种口头流传，而必须要靠文字、书籍这种媒介。通过这些媒介将它向全世界介绍的自然不是此前几百年间将它由父母传给孩子的朴素民众，而是知识分子阶层。17世纪，就是知识阶层在这种领域特别活跃的时代。

这个时代人类的日常生活和自然现象的关系，依然由超自然的因素决定，其生活的基底很难把握。宗教强烈依靠根植在民众这种无知之上的不安，依然拥有能够左右他们内心的力量。但是，17世纪的宗教像清教徒或詹森主义的"隐藏的上帝"那样，给民众生活带来无言的恐怖，不仅没有给予慰藉，反而通过严格的规范束缚生活。

在这种环境中，许多知识人收集成为民众恐惧情绪源泉，同时也无法用知识解释清楚的各种奇迹或不可思议的事情。换句话说，通过将这些无法解释的现象对象化，为将要到来的启蒙思想提供了开端。对于他们来说，哈默尔恩事件是绝好的题材，因此这个时代有很多人开始用各种各样的方式研究这则传说。

1610年，菲利普·卡梅拉留斯就在《历史的乐园》中介绍了这则传说，称虽然有很多人不相信这个故事，但是一般认为它在所有方面都是真实的。卡梅拉留斯将这个故事作为一则老鼠给人类带来灾害的资料。

1614年，海因里希·科恩曼在《恐怖之山》和《不可思议的生活》中记载了世界各地的山，其中也收录了这则传说，作为以"吹笛人"或"捕鼠人"的样子现身的恶魔的行为。

如前文所见，1650 年阿塔纳修斯·基歇尔的《普遍音乐》在罗马出版，1654 年前文中梅丽安的地志出版，1666 年约翰内斯·特伊斯特在《新旧德意志达契亚、特兰西瓦尼亚的叙述》（出版于纽伦堡）中，提出了哈默尔恩的儿童前往特兰西瓦尼亚，成为那里萨克森人的祖先的说法。不用说，这可以说是之后移民特兰西瓦尼亚（东向移民说）的发端，同时也挑战了埃里希和基歇尔的说法。

除此之外，在多伯廷的史料集中可以看到，这个世纪有许多作者提到了这则传说，后来传说研究的母题几乎全都在这个时候以某种形式出现。在此意义上，虽然 17 世纪的作者批判不够，选择也很随意，但他们可谓百花齐放的活力仍值得注目。同时，就像这些作者几乎都是哈默尔恩以外地区的人，并在各地出版著作，这则传说明显已经离开了威悉河沿岸这个叫作哈默尔恩的小城市，逐渐成为全世界知识分子的关注对象。

不过那些著作在材料方面几乎都依赖韦耶、基歇尔或者埃里希，因此只是以某种方式肯定传说真实性，再加上各自的解释而已。然而 1659 年荷兰的肖克批判埃里希的观点，从正面探讨这一传说的真伪，断定其为虚构作品并尝试寻找这则传说成立的历史背景，可以说是现代性研究的真正开始。

肖克的著作《哈默尔恩的寓言》在格罗宁根出版，讨论了应该区分真理与虚构、历史与寓言的原则，基于完全没有同时代人的记录而得出这则传说并不可信的结论。他认为埃里希收集的史料不值得相信，所谓哈默尔恩市的法律文书并不存在。而且，这则故事既违反神的法则，也不符合人类的常识，逻辑不通，不能原封不动地接受，而是"俗人创造的故事"。也就是说，它只是无知的民众所相信的那种故事。

但是，肖克认为任何传说中都有某种真实的开端，并尝试寻找这则传说在历史形成过程的开端所隐藏的真实核心，检视了如12—24页中所列举的各种可能性。这样，肖克成为最早尝试探讨这则传说形成的历史背景的现代式研究者。

肖克以后，在德国，尼古拉斯·尼伦伯格（1671）、弗朗茨·韦格（1670）在学位论文中概括了关于这则传说的研究。虽然两者都批判肖克的观点，为埃里希的论断辩护，但内容上并没有特别值得看的地方。此外，沃尔夫（1670）、布德（1692）、色尔吉吉乌斯（1688）、丕平（1690）等人的学位论文也都有出版。斯潘努斯认为这些都没有单独价值，不过勾起我的兴趣的是，受埃里希和肖克的争论激发，当时学界将这则哈默尔恩的传说作为研究对象这件事。在民众之间长期流传的传说，成为知识分子关心的对象。

不过，这些"研究"之中仍有将"吹笛人"视作恶魔的观点（丕平），肖克激起的涟漪扩大，必须要等到18世纪才能看到现代式研究的深化。

莱布尼茨和启蒙思潮

在 1693 年的荷兰，肖克的学生、牧师巴尔塔萨·贝卡（1634—1698）完成《魔法世界》一书，排斥恶魔信仰，批判当时仍然残存的女巫信仰。这本书立刻被翻译成德语、法语、英语，引起很大反响。

贝卡表示"魔法这些东西只要不相信就不存在"，这引起教会反感，导致他失去了牧师职位。他从这种立场出发尝试解决哈默尔恩的传说，认为它也是不可信的"虚构故事"。一座城市遭受鼠灾并非不可能，但是多达 130 个孩子跟在陌生人身后离开，且没有任何人看见则是不可能的事情。

这样，贝卡批判埃里希，认为这则传说是彻底的虚构故事，是会随着时间慢慢消失的东西，但如斯潘努斯所指出的，这一结论表明贝卡在原则上并没有走出埃里希的问题设定的范围。因为传说是真的历史事实，还是虚构作品这种问题的讨论方法，正是启蒙思想时期传说研究者的共同观点，他们很多都是设定合理的判断基准，然后揭开传说的非理性而已。于是他们蔑视着相信非理性虚构传说、在非理性世界中生活的俗众，并尝试启蒙。

比如约阿西姆·康拉德·雷格、约翰·弗里德里希·穆勒等写到，大众在 17 世纪居然还相信这种无聊的故事。他们认为这些故事是彻底的虚构作品。确实，和"捕鼠人传说"融合的"哈默尔恩的 130 个孩子失踪传说"既有历史真

巴尔塔萨·贝卡

莱布尼茨的笔记

实的核心，又有虚构的故事。但是认为其虚像不是史实而否定它的启蒙思想家大多都不能理解，对于民众来说，仿佛是从长年累月的辛苦之中渗落而生的虚像，比枯燥无味的"史实"拥有更重要的意义。

探寻传说真伪这一原始朴素的研究阶段以肖克为先驱，而由莱布尼茨（1646—1716）完全超越。

1692 年法国货币学者图阿纳请教莱布尼茨，一些书中说哈默尔恩采用某种"特别历法"，这样的历法在其他城市或国家还有吗？莱布尼茨这样回应。他将史料从哈默尔恩拿到汉诺威，也参照埃里希和肖克的著作。虽然结论是无法得出关于哈默尔恩独特历法的确切判断，但莱布尼茨也同时写下自己对这个传说是否源自某个真实历史的想象。于是他想到儿童十字军时期的事件，并在回复中记了下来。

为了回答图阿纳的疑问，调查这则传说的莱布尼茨在回信之后，似乎也迷上了这个传说之谜。他留下了关于这则传说的几则笔记片段。其中一则写着，带走哈默尔恩孩子的是被称作龙西法尔的妖怪，也有说法认为这个妖怪和受到神的惩罚、被从比利牛斯山流放到西里西亚的克尔科诺谢山的留贝扎尔是同一个神。另一则是对基歇尔的《普遍音乐》做的评论。关于基歇尔认为是恶魔带走了孩子的部分，他写道："在我的想象中，那绝对不是恶魔，带走孩子的应该是骗子或中介人。我们都知道，现在也有骗子将孩子卖到土耳其人那里去。"

最后一则笔记讨论了它和儿童十字军的关联。其中介绍了维泰博的戈弗雷所记的故事，即儿童十字军一直走到马赛、热那亚，一些人被布林迪西主教制止，但乘船走的人或许被卖给萨拉森人，或许沉入海中。莱布尼茨在最后加了一句："这种事件和哈默尔恩传说所述的时代一致。我愿意认为这个时候出现了哈默尔恩的孩子离开的事情。"

　　如此处所见，相比于这则传说的真伪问题，莱布尼茨更认为它是在成为历史背景的事实之上形成的。他说"这则传说中有某种真实的东西"。确认、寻找这则传说背后的历史事实的态度，从莱布尼茨之后便原封不动地保持到了现在。

　　莱布尼茨的调查是手写笔记而未被印刷，因此无法广泛影响同时代人，但是随着启蒙思想的发展，它成为一个契机，开辟了以历史学的方式认清传说之谜的道路。在这种状况下，到了18世纪，前文提到的各种假说出现了。

　　最早的是提倡"泽德门德之战说"的约翰·克里斯托夫·哈伦堡。他在1740年左右的记载中说，哈默尔恩市的监护埃弗斯坦呼吁抵抗城镇不喜欢的新城市领主（明登主教），1260年7月28日，他们迎战主教军的攻击，在泽德门德爆发了战斗。在此之前，主教秘密将吹笛人送到市内，同有战斗能力的市民子弟约定"按我们说的跟过来，胜利就是你们的"，将其从教堂或市内引诱出来后突然袭击，战争之后又逮捕了130人押送到明登。因此，这个传说出现了。可以看到，哈伦堡的泽德门德之战说的历史根据薄弱。但是，他尝试指出作为这则传说背景的具体史实，并进行历史学式的说明，因此对以后的传说研究产生了很大的影响。

直接受到哈伦堡影响的是克里斯托夫·弗里德里希·费恩。他在1749年出版的《被破解的寓言——哈默尔恩儿童的失踪》中赞同泽德门德之战说，不过他亲自发现哈默尔恩新门上的碑文，将其与这场战斗联系起来，认为孩子失踪不是在1284年，而是1259年。前文已见，将新门碑文上的1531年的年份减去272年就可推测出1259这一年份。于是，费恩确立了将发生在泽德门德的战斗看作这则传说背景的假说，而这在很长时间被视为真正解决了该问题。许多作者在解放战争和德意志统一的努力之中，暂时继续祖述这种说法。

除此之外，这个时代出现了各种各样的假说，从孩子们因地震而死亡、被代理人带到特兰西瓦尼亚乃至移民到美洲，但都没有特别的根据。

知识人不认为"哈默尔恩的捕鼠人传说"是民众的虚构，尝试通过理性的验证探明其历史背景。这种努力在启蒙思想的影响下达到最盛并结出了果实。但是，启蒙主义思想揭开民众传说中的非理性，尝试将民众导向理性的"现代"世界，因此有时也可以说，它是在否定传说自由奔放的特征——传说能够自由容纳反抗权力的情节——而试图贯彻知识阶层对民众的统治。

费恩著作的封面

浪漫主义的解释及其功过

　　和英国、法国不一样，19世纪的德国仍然邦国林立，并未形成统一国家。应该自下而上克服这种邦国分裂局面的市民阶层，和先进资本主义国家相比也较弱小，因此国家统一的先锋只能靠强大的邦国，特别是普鲁士的武力和政治力了。实际上，普鲁士在稳步地进行这种准备。

但是，只靠武力和基于此的政治力并不能统一国家。因为在国家的统一上，人心的团结是最不可缺少的前提条件。普鲁士在这一点上面临巨大困难。因为德国各邦国都拥有能够上溯到日耳曼民族大迁徙时期的独特的历史传统，语言、习惯也都有很大差别。各个邦国都有 land／国家的意识，各自拥戴君主。我们很容易想到这种局面对德国整体带来了多么大的阻碍。流过哈默尔恩一旁的威悉河上，在 16 世纪竟有 22 处税所。

因此，在尝试自上而下统一国家时，在武力等力量之后必须要发现超越这些邦国现时差异的共通之物，创造出德国统一的基础。在这一点上，形成德意志帝国的中世纪浮现出来，正成为 19 世纪德国民族统一的决定性基础。于是在 19世纪，中世纪史研究作为对德意志民族共通的过去的研究，在各地蓬勃发展。

与中世纪史研究并行，民俗学研究也繁荣起来。研究者通过超越各邦国的差异，寻找德语圈民众共通的生活方式来彰显民族的一体性。

在带有这种意图和方向的中世纪史研究及民俗学研究中，启蒙思想的传统无法原封不动地延续继承。因为启蒙主义说起来是在与封建旧制、绝对主义体制的对抗中产生的，但是德国的中世纪史研究及民俗学研究却并非在与封建旧制、绝对主义的对抗中前进，而是贯彻一种超越二者、试图发现民族共通的历史遗产的志向。换句话说，19 世纪德国知识阶层，在形成近代统一国家的志向中，为了汲取民众的历史感受、生活感受而进行民间传说的收集及区域史研究。

所谓浪漫主义运动也能被视为其中的一环。特别是格林兄弟对口头法律传统和古代传说的收集，发挥了决定性的重要作用。格林兄弟通过再现德国民众过去的生活，发掘重返德国民众运动传统的可能性，这一点必须得到高度评价。

但同时，我们也不能忘记民众传说的采集、确定具有另一个侧面：它自上而下地汲取可作为近代国家形成时支柱的鲜活的民众感情。格林兄弟仅仅是从书中抄录哈默尔恩的传说，而不能像童话那样，通过自己的笔从口头流传的原型中创造出自己的作品。因此浪漫主义虽然在解读传说内在本质上有功劳，但可以说它并没有产生新传说形式。

他们否定了启蒙时期的研究者那种理性地分析传说并揭示其中非理性部分的做法。任何传说、童话都被看作和神话一样，拥有取之不尽的无限价值，是民众精神的启示，因此，较之历史学式的分析、研究，他们反而是在努力再现传说，使其自然而然地发挥作用，并使人享受。这个方向确实比启蒙时期的研究向前迈出了一步。

但是，远离传说形成的历史分析，以某一种确定了的传说形式作为民众精神的启示，在另一方面也不免将原来拥有灵活发展可能性的民众精神绝对化，而且使其固定化。这条路线必然追求通向绝对化的基准，将它同日耳曼时代的神话世界相连。格林兄弟自身要从神话角度理解传说及童话的各个特征，在格林兄弟之后那些难说很优秀的继承人那里，这个方向被推向更极端的程度。

其代表性作品便是哥廷根大学助理穆勒的《哈默尔恩不幸孩子的失踪》（1843）。穆勒在该书中批判将泽德门之战和1284年孩子们失踪这两件事作为传说成立背景的说法，原则上拒绝将传说成立归于现实历史中特定状况的方法。

他认为就算一则传说明确基于历史事实，民众也喜欢在其中加入神话色彩。他在对"吹笛人"的描写中找到这种特征，即认为"吹笛人"是某种妖精。妖精通常穿着幻想性的衣服现身，受到不公正的对待后就会复仇。特别是其中有使用音乐从母亲身边夺走孩子、将人诱到山里等情节。这样，穆勒仅仅把构成这则传说主要要素的外在内容放在神话学中分解，并加上自己的解释。

诺克也在《民众传说、童话的神话学》中讨论西欧神话中老鼠发挥的作用时提及了哈默尔恩的传说。他认为这则传说成立的背景是疾病造成很多孩子死亡。哈默尔恩市拒绝支付"捕鼠人"报酬的时候鼠疫蔓延，孩子们被带到的山中，也就是中世纪民众的表达中的"死者之国""地下"。无声街这个名字就是因死者的送葬队伍经过而得名。

此外，沃尔夫在《德国神话学研究》（1852）中，论述人在山里失踪一般都是侏儒所为，"哈默尔恩的吹笛人"也是这样的侏儒。在此，前文中介绍的洛尔施地区的传说成为证据。

为制作魔药而遭杀害、烹饪的儿童

　　也有另外的说法，从死者的灵魂经常召唤生者的这一理解出发，认为日耳曼民族的最高神、统率死者的奥丁（沃登）的性格形成了哈默尔恩的传说。老鼠在此是死者之灵。而且也有人说孩子被替换成老鼠而被带走、德国常常称小孩子是"小老鼠"等。到这里他们已经没有认真讨论的想法了。

　　这样的例子不胜枚举，不过如此处所看到的肆意解释，可以说展示了浪漫主义最庸俗的一面。不管什么传说、童话都带有取之不竭的无限价值，是民众精神的启示。从这种重要的论断出发，这些作者随意创造"民众精神"及其"无限价值"。

于是，民众在漫长岁月中从生活的苦难之中倾诉出并传承的传说，被放在虚构的价值上裁决，那些知识分子从高高的地方解释说，民众的感情就是这样的东西。这种解释的尝试并不会停留在知识趣味之上，它们通常很容易带有很强的政治特征。其例子便是莫里茨·布施的解释。他在1875年刊登于政治杂志《格兰茨博登》的论文中认为"吹笛人"有神话性内核。泽德门德之战与之后出现的事情，是从异教时代开始在威悉河流域的日耳曼民族中一直存续的神话的结晶，"吹笛人"是雅利安民族的死者之神，这位死神将人类带走。他在后面接着说，"和永远的犹太人一样，捕鼠人也在许多年前的某一日现身，在汉诺威全境吹响银笛但没有任何效果。但愿他接下来第三次出现的时候，能带走几千韦尔夫人"。作为俾斯麦传记作者而知名的布施，试图将"捕鼠人"定性为由普鲁士带来的德意志统一的象征。不用说，以汉诺威为中心的韦尔夫家族的统治体制阻碍了霍亨索伦家族的普鲁士统一德国，成为问题。汉诺威王国和普鲁士接壤。1866年，韦尔夫家族的格奥尔格五世对抗普鲁士的扩张，加入了哈布斯堡一方，结果惨败，1867年汉诺威被并入普鲁士领导下的北德意志同盟，1871年被置于德意志帝国之下。布施的话语背后就是这样的事情。

尤利乌斯·韦伯在《德意志——或者游历国内的德国人书信》（1826）中做了更直截了当的论述。即这则传说的核心是陷入幻想中的修士将孩子培训成空想的十字军并带走，或者是泽德门德之战，但在这样写完之后，他突然这样说道："为什么这样的捕鼠人不再出现了？这群老鼠不知廉耻地啃咬传承有序的贵族的证书、特许状。革命的孩子们高声地叫喊着宪法、法律乃至法律面前人人平等。所以，捕鼠人将这些德意志的垃圾通过地下带去土耳其的黑海，会得到比哈默尔恩更高的报酬吧……"

韦伯似乎忘记了"捕鼠人"在哈默尔恩没有得到报酬。不管怎么说，在此"捕鼠人"被赋予了镇压19世纪革命运动的先锋的作用。

与韦伯相当不一样，道默提出独创性解释。道默在《基督教古代的秘密》（1847）中认为，从古至今，以人为祭品献祭的秘密仪式构成了基督教教义的中心，他从这一点出发分析这则传说，认为在皇帝鲁道夫·冯·哈布斯堡的治下，德国每一个城市要献上1000人以上的孩子作为祭品，因此哈默尔恩的孩子也成为这种祭品，被埋在附近的山上。换句话说，他认为哈默尔恩的孩子是被杀死的。圣约翰日的节日正是献上这种牺牲的节日，杀害行为晚于这一天是因为市民的反抗。道默甚至试着描写杀害的场面：

"吹笛人走在街上。大概神职人员也一起。因为宣告父母和孩子告别的时刻到了。连市长格鲁艾尔浩特也要献上自己的女儿作为祭品。残疾小孩留了下来，因为他们不适合作为祭品。其他的孩子在坑内被杀。头摆在地上。成为祭品的孩子们将担负起守卫这个地方的职责。"

道默说，这种献祭仪式每年都举行。不过，通常都是各家提供一只老鼠以代替孩子的灵魂，但是在 1280 年以后的那件可怕事情中，这种习惯被更改，实际将孩子作为祭品。

要如何评价道默的这本书呢？它在"三月革命"[*]前夕出版，又由进入 20 世纪以后也开始出版很多社会主义相关图书的书店出版，从这两点可以想象它拥有很多读者。总之，从布施、韦伯的时候开始，这则传说的解释可以说到达了一个段落。

★ 心理学者卡尔·荣格（1875—1961）提出沃登说。据他说，沃登是不停歇的流浪者、过去的风暴之神、陶醉与激情的解放者。沃登被基督教驱逐到恶魔的世界，正是恶魔，也即老鼠，及大地的主人。他的名字是"产生愤怒者"的意思，不来梅的亚当在 1070 年也说"沃登乃愤怒"。沃登的本质是陶醉，将万物卷入运动之中。此时音乐发挥重大作用。就像萨满跳舞或者酒神狂欢宴会时的音乐那样。哈默尔恩的这位捕鼠人正是被视作拥有沃登精神的人，将容易陶醉的孩子卷入其中。荣格认为，孩子被带到山里去是因为在沃登的传说中不能缺少山，而且未曾见过的山的内部也是潜意识领域的象征。

---

[*] 德意志各邦国 1848—1849 年爆发了主要针对哈布斯堡王朝以及专制统治的大规模革命，其初期阶段又被称为"三月革命"。

第三章　在现代流传的传说的面貌

作为符号的"吹笛人"

16、17 世纪以来，"哈默尔恩的吹笛人传说"作为教会和神学家教化民众的手段，或者弄清楚被难以理解的命运操弄的德意志民族过去的手段，或者团结民众进行解放战争、德国统一运动的研究手段，或者民众精神的表现，或者单纯是知识性好奇心的对象，——成为神学、启蒙思想、浪漫主义、历史学等的研究对象。而在文学及音乐的领域，这则传说也被当作恰当的题材，歌德在 1823 年写了一部题为《捕鼠人》、插入面向孩子的绘画的叙事曲，非常受欢迎。舒伯特、沃尔夫等音乐家也用它来作曲。

结果，这则传说普及全世界，但同时，在其中登场的吹笛人及孩子们也渐渐变成了符号。"哈默尔恩的吹笛人"这一短语已经作为与约七百年前发生在威悉河沿岸小城镇的事情完全没有关系的普通名词短语，在好坏两方面分别成为先驱、诱惑的象征。

歌德在《浮士德》第一部中已经将"吹笛人"作为诱惑者及具有煽动性的政治家的代名词使用，海涅也跟随歌德，写出"老诗人啊，请想起哈默尔恩的捕鼠人。在清晨吹起笛子，惹人怜爱的小歌手跟在身后"的诗句。不只这种文学作品，德国内外的报纸及杂志也使用这一说法。据说英国著名政治家格莱斯顿（1809—1898）在提案被否决，作为在野党率先退出议会时也被讽刺地画成"捕鼠人"，而希特勒在《我的奋斗》中给与哈布斯堡结盟的人贴上"哈默尔恩的捕鼠人"的标签，但自己也被贴上同样的标签。

也有非常近的例子，1971 年 9 月 18、19 日的《世界报》（西德）激烈批评哈佛大学心理学教授斯金纳（1904—1990）的《超越自由与尊严》，刊登了给斯金纳奉上"哈佛捕鼠人"称号的文章。好像是因为斯金纳基于对老鼠的观察发表了关于人类问题的看法。另外，著名的经济学者米香教授在其《经济增长的代价》中也指出，高雇用水平的结果是西欧诸国的少男少女的钱包成为随着经济增长而急速扩大的市场（所瞄准的对象），"可以说，私人企业作为'哈默尔恩的吹笛人'，使用纽约广告街麦迪逊大道提供的魔法笛子发挥新的作用，而他们身后的成群年轻人叮叮当当地晃动着金子，争先恐后地追赶着流行。然而，他们既不知道跟在谁的身后，也没有试着想一下要去哪里"。（独留重人监译、岩波

1900 年左右的哈默尔恩

书店，240 页，引用时部分改译）

于是，成为符号的"吹笛人"，在已经和作为这则传说真正主导者的民众完全没有关系的情况下变成象征，成为知识分子的用语，在全世界使用。那些有知识的人用这个词讽刺哈佛大学教授的时候，大概谁都不会想起 1284 年 6 月 26 日失踪的 130 个孩子的命运。

栖身于传说之中的老学者

尽管学者、政治评论家提出了各种各样的解释，但现在这则传说在民众之间是以基歇尔及格林兄弟所记载的形式传承。孩子被从地下带到特兰西瓦尼亚的故事在基歇尔的记载中可以看到，埃里希也几乎记载了同样的内容，因此这个说法应该是17世纪中叶广泛传播开来的。在那之前，汉尼拔·努勒乌斯也记下了孩子们穿过地底出现在新国家的故事，因此它在16世纪时也有了相当程度的传播。自然，这种故事也可视作在孩子失踪这一难以忍耐的事实后面增添的内容，是人们试图以某种形式留下希望的结果。

围绕这则传说历史背景的研究不断进步，但另一方面，在民众中间，儿童远离这个艰辛世界，在某个遥远的国度幸福生活的母题深深地刻入传说之中。

不管学者如何解释、理清，不管"哈默尔恩的吹笛人和130个孩子失踪"的传说和原型发生了多么大的变化，它大概都不会被忘记。父母让成年的孩子踏上旅途、人们与亲密的同伴告别，或者离开生活过的熟悉土地踏上前往未知国度的旅途，或者对当前生活绝望的父母替孩子期待一个美丽的泛着光明的未来之国，只要这种任何时代都不会变化的情景还会出现，这则传说应该都会在人们的内心深处存续下去。只要人们没有停止用歧视的眼神看待其他人，"吹笛人"在任何时代都应该会登场。

某种研究者也一定会在某地出现，他们不以高傲的态度去裁断传说，而是理解上述那种民众的心情，深入传说的世界并以之为生。1705年，一位无名作者在文章中批判启蒙主义者贝克，认为"以知识自傲"的传说解释或否定，无法把握传说的本质，传说自身拥有如何研究、批判也无法夺走

海因里希·斯潘努斯博士

的独立价值。（斯潘努斯《哈默尔恩的捕鼠人——古老传说的成立和意义》，第150页）

作为20世纪的这种研究者，我们不得不提本书后半部分多处引用的海因里希·斯潘努斯（1873—1958）。

"哈默尔恩的吹笛人传说"似乎有吸引人们、让人们变成俘虏的魔力。就像在前言中所说，我自己就是因为偶然的契机而被这则传说吸引，最终被卷入它的世界，乃至写下这样的书，而前文提到的沃尔夫冈·维恩也是其中一人。

维恩兴趣的根源是被从东方地区强制遣返的多达数百万德意志人的悲叹和希望。不得不抛弃生活了七百年的故乡的人们，希望在七百年前的"吹笛人传说"中寻找和失去的故乡之间的联系，而这种愿望也包含在维恩的兴趣中。

不过，维恩也好，我也好，都是还不算老年的时候开始这项工作。既然是研究者，对研究对象拥有深深的爱意及紧张感也是很自然的事情。但是，海因里希·斯潘努斯向哥廷根大学提交《哈默尔恩的捕鼠人——古老传说的成立和意义》这篇学位论文是在1951年，当时他已78岁。

在论文最后的简历末尾，斯潘努斯多少有些得意地说："我1900年7月12日和玛萨·维特结婚，两年前我们健健康康地庆祝金婚。我们有7个孩子，2个夭折，一个儿子在这次世界大战中于1942年9月在斯大林格勒战死。我们有17个孙子。"在78岁的时候提交学位论文，即便在老研究者众多的欧洲也非同寻常、极其稀少。而且，他的论文得到很高评价（极优等）。是什么驱动他做到这种地步呢？

斯潘努斯1873年出生，父亲是汉诺威的牧师。在哥廷根大学、马尔堡大学两所学校学习神学和哲学后，他"忍不住想要当老师"，于是成为道鲁姆文理学校的老师。在此期间，他也再次在哥廷根继续研究历史和德语，1912年成为哈默尔恩一所女子学校的校长。他在那里长期从事教育活动，同时也以宗教、历史教育为工作，给杂志投专业论文，并编著宗教教育的书籍等。他完成相当多与历史相关的论文。但是，1933年7月1日，虽然离退休还有很长时间，德国民主党党首以他帮助制定《魏玛宪法》、是瑙曼的追随者这一政治理由，半强制性地令斯潘努斯退休了。

毋庸多言，这年年初，纳粹夺取政权，6—7月的压制也波及其他政党。社会民主党被解散，很多党员逃亡。7月14日，政府禁止组织纳粹以外的任何政党。在哈默尔恩，纳粹党在这一年3月的国会选举也占据第一位，共产党的议席减少了三分之一。而且在11月12日投票中支持纳粹外交政策的人中，在哈默尔恩地区有17 654人，而不支持的人有1043人，无效票437。在这种状况下，斯潘努斯只能将之前对教育的热情投向其他领域。那就是民俗学和乡土史学的研究。

他并非"玩家"，在这些领域也以学术的方法集中精力研究，将不被满足的心境投向解读自己的乡土历史中。斯潘努斯在报纸、杂志上发表了很多关于新领域的论文，特别是倾注热情编写本书屡屡引用的《哈默尔恩市史》。那时，他再次遇到了"捕鼠人传说"。

一开始不过是偶然的结果而已。1934年夏，斯潘努斯退休第二年，哈默尔恩市计划举办"捕鼠人传说"的六百五十周年庆。刚开始的计划只是像我们在所有纪念会上都会看到的游行、戏剧表演而已，但是到了最后的瞬间，市议会意识到漏掉了最本质的东西，便委托斯潘努斯做一个关于这则传说及其发展的展览。

虽然委托的是处于无法公开露面状态下的斯潘努斯，但市议会认为这种工作是安全的。准备期只有六周。据斯潘努斯自己说，当时"完全预料不到这个工作意味着什么、这一步对我自身以及未来生活有多大影响"。

"人生中会有一段时期，不能视作自发行动的阶段，自己只是某种道具而已。在那种时候，我们能完成按照真实的自己来看很高、平常时期似乎怎么也做不了的工作。"斯潘努斯回忆接受这份布展工作时的状况时说只能这样解释了。

展览结束。留下的是与传说相关的无数史料，以及此前完全没有听过或只听过名字的文献等。在准备展览时，斯潘努斯寻访、购买、委托借阅、编辑史料，在此过程中了解了当时关于这则传说研究的水平。自己收集很多材料的结果使他更确信这些史料要从全新的观点出发重新编辑。

"我一夜之间就成了研究者"——这个时候，斯潘努斯已经预感到自己可能直到去世才会从这则传说中解放出来。"我身心都被捕鼠人占据了。"

展览获得巨大成功。许多人建议，应该将这些庞大的展览物收入博物馆，但是其中大多数都是从各地档案馆等借出来的文献，必须要返还。因此，斯潘努斯将这么多人希望保存的呼声视作共同体的委托，完全一个人开始不留遗漏地编撰这些史料。

斯潘努斯和维恩的相会

幸运的是，斯潘努斯绝非孤身一人。因为 1934 年夏天的展览中，奥帕瓦的档案馆馆员、当时 31 岁的沃尔夫冈·维恩不远千里前来观看。

如前文所述，维恩在威悉河畔的哈默尔恩市寻找苏台德德意志人的祖先，最终找到了这则传说，恰巧听到那里要举办六百五十周年庆的展览会，便不嫌路远前来。61岁的老教师和31岁的年轻馆员，围绕1284年130个孩子失踪事件，大概聊到不知东方既白吧。在此，维恩已经陈述与东向移民说相关的想法，认为"捕鼠人"或许是移民代理人。

老斯潘努斯大概没有想到这种角度。年轻人闪闪发光的才能迸发，斯潘努斯与同仁竞争的心思逐渐消失，约定全面帮助维恩的研究。实际上，斯潘努斯在之后的很长时间里都相信维恩的东向移民说能够解开这则传说之谜。冷静地探讨维恩的理论，会发现其中有很多不合逻辑的地方，但是它里面有寻求某种事物的活生生的人的真实态度，人们被这种态度感动了。于是，斯潘努斯把自己的工作限定在传说形成以后的变化上，将查明原因的工作委托给维恩。这样，老研究者和年轻研究者之间紧密地合作起来。

两人的合作在1936年结出了优异的果实。编著《哈默尔恩市档案集》（1887、1903）的梅纳尔杜斯说，自从发表了纪念这则传说六百年的论文以来，关于它的研究可谓触到暗礁。因为寻找原因的研究已经到了必须发现某种决定性新史料的阶段。不过，1871年，研究者罗塔特发现莱布尼茨的助手丹尼尔·艾伯哈德·巴林在信中记载，1719年他在吕讷堡看莱布尼茨对《不伦瑞克编年史》的校注时，发现并阅读了关于哈默尔恩儿童失踪的羊皮纸书籍。

知道此事的斯潘努斯为了 1934 年的展览，向吕讷堡档案馆请求借出该羊皮纸书，但是对方表示不清楚。那里的手抄本得到新的整理以便编目，反而很难找到这份文件了。

1936 年 8 月，斯潘努斯和再次到访哈默尔恩的维恩一起前往吕讷堡档案馆。他们觉得如果找不到那份羊皮纸书传说，研究就怎么也没法前进，那就应该亲手寻找。

幸运的是，经过几个小时的寻找，斯潘努斯亲自发现了自两百多年前巴林读过以后就失踪的文件。它并不是巴林所说的羊皮纸书，而是普通的纸本，但是就像本书开篇提到的那样，这份《吕讷堡抄本》是对后来的传说研究产生决定性影响的一大发现。

斯潘努斯的研究并非查明构成传说开端的历史事实，而是探求它的变化过程这一相对来说比较普通的领域。但是，他研究的重要性并不低于究明原因，具有深远的意义。斯潘努斯通过彻底收集自己研究领域的材料，找出所有文献，通过它们描绘出传说变化的过程。用一句话概述其视角，则是批判性研究知识分子如何理解极其开放的民众传说。

知识分子通过各种各样的努力尝试理解民众传说时，总会映射出知识分子所处的社会性地位。在探索史实的方向上，越精细地进行历史学式的分析，传说越失去其固有的生命。将传说作为民众精神的展现而礼赞就会被政治利用，基于课题意识或者使命感高涨而进行传说研究则使其成为教化民众的工具，最终成为悲伤小丑。民众传说的研究，从一开始就伴随着这样的难题。

研究者常常结成研究者团体。这个团体作为学界（Zunft）而被社会承认，研究者在其中互相比拼"才华"和"努力"。但是，要打破这种难题时，才华是非常危险的工具。我们大概只能完全沉潜于传说的世界，不依赖知识，而是作为愚者来感受传说变化的必然性。在这一点上，斯潘努斯绝非"学者"。

当然，他也是大学毕业，在78岁时还提交学位论文成为博士，所以是所谓的知识人。但是，他几乎没有享受过作为知识人的特权。他的一生几乎都是作为一座小城市的老师而度过，在荣休之前，因自由主义式的思想而被强制退休。他并没有度过俗世十分认可的荣誉的一生。在这样的人生中，斯潘努斯反而可以说拥有庶民才能具备的小小的条件。他的一生几乎都在和投入自己热情的对象之间的紧张关系中度过。这可以说是非常幸运的一生吧。因为即便其工作不为世人所知，斯潘努斯的世界也是完整的、圆满的。

在远离德国的日本，我们知道了他的工作，但特别遗憾的是，78岁的斯潘努斯用打字机打的原稿仅仅躺在哥廷根大学图书馆，现在仍然没有在德国本土出版。我读着斯潘努斯用钢笔修改打印错误后的原稿，觉得这般优秀的研究未能出版太不可思议了。抱有这种感慨，或许是因为斯潘努斯的世界并没有那么远。

　　最终"查明""哈默尔恩的吹笛人传说"，或许在很近的未来不会出现。在那之前，读书、写文章的人们仍然必须要继续承受传说和自己之间无限距离的重负。

后　记

　　如本书序章所述，这本小书对我而言，是在到此为止的研究生活中盛开的一朵我未曾想到的小花。小小的花朵自然不是靠我的力量开放的，但我近乎培育了一颗大的种子。在这本书中，我尝试将目光投向此前日本西方史学几乎不涉及的民俗学领域和民间传说，以及城市底层民众的生活。因为我想，欧洲社会史并不是通过法制史、政治史、经济史等的积累就能掌握其内核，而要通过接近民众的日常生活及其思维世界才能开始触摸到其本质。

　　但是，我在写作本书的过程中深切感受到，所谓以民众史为中心的社会史并不是此前的法制史、政治史、经济史等研究的单纯延伸。

　　那么，以民众史为中心的社会史如何才能成为可能呢？这是本书给我提出的重大课题。这个课题必须先从对此前的历史研究，即尝试理性逻辑地解读生活现实，以及对长期以来知识分子所做的知识工作的批判性反省开始。本身就是知识工作的这种方法，通常有孕育循环论证的危险。但是，当前只能彻底抓住这个方向了。

一方面，我们要扎实地持续努力，具体地发掘出中世纪城市及农村，乃至直到近代的民众生活，另一方面，我们也要对自尤斯图斯·莫泽开始的民俗学、社会史、经济史研究的意义进行方法论上的反思。我目前想到的就是这样的方法。总之，本书给我种下了这样的种子。

虽然是微小的研究，但是本书也并非凭我一人之力完成。几年前我从德国回国，聊起各种各样故事的时候偶然提及哈默尔恩传说，那时，岩波书店《思想》编辑部的石原保德氏敏锐地注意到了，并提议将这个故事扩充，综合成论文。当初我预计会写成 250 页稿纸，因此不适合《思想》杂志，但石原氏劝我仅写出核心也可以，结果，那篇论文就是本书的原型。

《思想》上的论文在 1972 年 11 月出来不到两周，某天我在小樽的家里接到电话，平凡社的吉村千颖氏希望能将其综合成书。在北境安静生活的我，惊讶于吉村氏的线索之强。那之后，自接受执笔写作开始得到了吉村氏适当的支持，特别是本书的最终出版。在此，我想对二位表示特别感谢。

1974 年 9 月 14 日

阿部谨也

解说　如泉水般明澈

石牟礼道子

　　久久凝视老勃鲁盖尔或耶罗尼米斯·博斯的世界，我想到了这些。

　　这些 15、16 世纪作为教堂祭坛画而描绘的画作，表露出何等的世界呀。以如此冷静的眼神，完整描绘出暗含着寓意、暗喻、符咒的世界，这样的画家此后再也不见了。

　　特别是博斯的视线，带着几乎可称之为"世界的虚无"的透视力，触及了什么样的人的声音和颤动呢？

　　在频繁地要翻开不可见历史之书的沧桑指尖，阿部谨也氏的《花衣魔笛手》出人意料地与笛声一起到来。

　　事实上，学者也像是架设那种弯曲的双拱桥的石匠。他们将选定的基石一块块亲手搬过去，堆积、切割，能远眺隐藏在地平线中的世界的桥梁出现了。对岸的呼声穿过大桥时，这件作品就具备了美丽的弧度。

　　作为读者的我们听到对岸的声音，能够抵达那里，发现行走在肌肤味道都是多民族的、让人心痛的日常生活中的我们。于是我们记起了久已忘却的思念在身边苏醒的感受。格林兄弟自然如此，歌德、海因里希·海涅、舒伯特也都是从这里通过。他们被独一无二的笛声吸引。

那是火热的大地。我想正是如此，基督教才努力要清理承载着异教神祇声音的东西，抹除那古日耳曼森林中深奥咒语的余音。

看到阿部氏写他在哥廷根市州立档案馆中，遇见关于"捕鼠人"传说的文献时"后背像有一股电流经过"，我也体验到了那种感觉。我们大概从远古时期就拥有向世间之外打开的耳目，平日一直失灵的它突然感受到笛声的余韵，而这正是这本书所带来的。而且，我们的身体也像封闭无声的笛子，因此流过阿部先生后背的电流也经过了我们的吹口——那里召唤苇间的风而发出声音——不，经过我们身体上一般无法愈合的古老伤口。

作者首先查明吹笛人将130个孩子带走是历史上的事实。之后，他细致绵密地追踪这件事实化作传说之后欧洲地区长达四百年的研究史。那里有能够分为多达25类的假说，而这种研究史本身也可看到受吹笛人离开之后的余韵所持续影响的历史中的群像。

从格林兄弟最初收集时起，似乎还有各种各样的其他版本，本书仔细分析的研究史，让人感受到赋予吹笛人形象的人心的作用与历史的起伏，也让人看到沉潜在底层的下层民众的感情波峰。

阿部氏首先寻找与事件相关的最早的资料。他和德国中世纪档案之间似乎有某种灵魂的交流，在外行看来束手无策的探索之行却切实地开始。他列出了下面的目标。

第一，当时的哈默尔恩市，在孩子们失踪的1284年6月左右处于什么样的状态、面临什么样的问题。1430—1450年左右，这些方面发生了什么样的变化？

第二，作为主角的130个孩子。探索中世纪城市中儿童的生活，从史料上看近乎不可能。因此，作者研究找寻孩子的父母，作为当时哈默尔恩市民阶层的问题。

第三，另一位主角"吹笛人"。

所谓吹笛人到底是什么人？如果能够在当时哈默尔恩市所处的整个欧洲普遍状况中处理这些问题，就能超越解密式的乐趣，成为接近欧洲社会史的一个突破口。

哈默尔恩市民众的姿态被作为当时欧洲社会的压缩版动态来描绘。这个时候阿部氏的欧洲中世纪史构想的支柱在各处方位上建立起来了。本书与宫田登、网野善彦、塚本学、坪井洋文氏的著作等一起，是中世史研究热潮的开端之作。

理解日后有了重要成果的贱民们的社会，特别是以吹笛人为中心理解中世纪流浪的人时，在这位先生的笔下，民众心底的含混声音变成传之四方的声响，成为历史脉搏并流出的足音与其呼吸从那里一起传来。特别是写到寡妇时，找寻失踪孩子的母亲们的样子，几乎带着真人的声音复苏过来。

拥有所谓名誉的市民歧视贱民阶层，而这些寡妇们连贱民从事的极其多样的工作都不能做。

作者调查 15 世纪 20 年代哈塞尔市的租税账本，查看维斯马的房屋数量，注意到可以称作地下室、地下简易房的房屋。在"受苦的寡妇和孩子们"这一节，住在地下简易房中的妇女比例竟多达 26.2%。

"那些在法律上、经济上都处于最低位置的底层妇女，特别是寡妇的地位就更难以想象了""这些女性衣着褴褛，在同辈女性等人或是炫耀或是埋怨各自丈夫的闲话中俯身坚毅地穿过，她们忍受着男人们好色的眼神，一生的期待只放在孩子的成长之上。这些女性用什么样的心态，承受那让人觉得永远持续的昼与夜的交替呢？"

在针对年轻人的近著《在自己身上阅读历史》中，作者极其克制地这样写道。在战后，失去父亲的一家不得不母子分开，他抱着妹妹们将作为精神食粮的珍藏书籍换作早餐。他和绝大部分民众一起背负着这种切实感受而生存，在此之上，他认为"历史是与自己内心映照的某种东西，我无法理解不与自己内心相呼应的历史"。他的内心和什么样的历史呼应呢？比如对吹笛人浮现的背景是这样描写的：

"在土地所有构成社会序列基础的中世纪社会，没有土地，也不像农民一样'被紧缚在土地上'的人，正是被看成位于人类序列之外的人。不过原因不止如此。艺人和乐师一方面以栩栩如生的形式在庶民之间传播古代的异教文化，对教会来说妨碍了基督教的普及，另一方面，他们日耳曼时代的英雄叙事诗人形象也可能唤醒在庶民中持续存在的异教传统，必须被严厉取缔。"

令人想起刻印在人类社会底层的流浪的伤痕及憧憬。

我想起了小时候，跟着像异世界的旅行者或杂技团的人们走上一段，不久就心生恐怖而跑回来。

围绕着传说的历史背景的研究不断发展，但与此相反，在庶民之中"儿童远离这个艰辛的世界，在某个遥远的国度幸福生活的母题深深地刻入传说之中"，成人想前往某处的愿望也沉淀进去。阅读本书时体验到世界和自己内在体验相连并闪耀起来，换句话说，被鲜活的历史学引导。没有做过规范学术研究的笔者等人有一种彻底开放、如同走在散发热量的大地的感受。

我私下里想，这位先生是否希望用自己内心的光亮，照见人类持续到某个时期的全部精神财富？我想他内心深处的张力本质便是如此。而且，他应该也想了解文明以前的人类如何表达情感吧。从他对钟声的不绝想象中可知如此。因为那也是希望诱使读者共鸣的东西。

比如《中世贱民的宇宙》（筑摩书房）最后一章中，作者比较了欧洲和日本的声音，并"上溯到音乐和声音没有必然区分的时代"考察。我试着总结一下。

"近代社会形成以前，从古代到中世纪末的欧洲人不认为生活在一个宇宙之中。以家为中心，之后以村庄或城市为单位的生活空间被定为小宇宙，在此之外是广阔的人力所不及的诸灵众神、恶魔等生活的大宇宙。疾病、个人及国家的幸与不幸、命运和灾害等都是大宇宙向小宇宙袭击的结果。对于这个时代的人们来说，历史的原因和结果不被放在时间的维度之中理解，反而是在与外部的大宇宙之间的关系中弄清，一般说来，他们认为时间不是线性的，而是环性流逝，因此大宇宙中的诸力量肆意作为的空间，与勉强抵御这些力量的小宇宙空间之间由明确的界限区分开来。

穿过森林的风声和狼嗥等是大宇宙的声音本身，暴风雨或雷电也是大宇宙的现象。住在小宇宙的人们为了对抗大宇宙的暴雨狂风而敲钟，一直到中世纪、近世、近代，人们仍会在流行病蔓延后敲钟防止疾病，而给牛、马、羊等戴上铃铛也是基于同样的原理，这种两个宇宙的构图在地球上任何地方都能普遍看到。"

此处他概括了中世纪的声音，介绍了 860 年左右的《音乐提要》中"根据古代作家的著作，不同的声音协调并发出的数值比率决定了人的生存方式、人体的运动以及宇宙的和谐"的记载，"相比于由格里利圣咏所代表的、一律用单一声音表现人类世界的单旋律，妨碍它们的俗谣或各种各样的音乐，硬要说的话即在基督教教义中被视为魔鬼爪牙的民间艺人的音乐，过去也被算作大宇宙的声音"。换句话说，此处是思考复声音乐上的尝试。

在女巫审判活跃的时代，吹笛人的笛声能唤出什么样的民众心理呢？和仍然保留浓厚中世纪氛围的日本乡间相比，也不觉得那是遥远过去的事情。研究史中的一个个假说都直接显示出新传说的发生与方向，趣味盎然。

书中作为"独创性解释"而介绍的道默的《基督教古代的秘密》中的内容特别令人印象深刻。"从古至今，以人为祭品献祭的秘密仪式构成了基督教教义的中心，他从这一点出发分析这则传说，认为哈默尔恩的孩子也成为这种祭品。"在各种假说交织中，本书的核心终究是下面的这句话吧？

"从对此前的历史研究，即尝试理性逻辑地解读生活现实，以及对长期以来知识分子所做的知识工作的批判性反省开始""将目光投向此前日本西方史学中几乎不涉及的民俗学领域和民间传承，以及城市底层民众的生活"，"将目光投向儿童失踪这一异常事件背后的当时欧洲社会中庶民生活状态"，"直接触摸到欧洲社会史的一角"。读到这些内容，我们能感受到切实的东西也就不奇怪了。

阅读以本书为首不断出版的欧洲中世纪史图书，便很清楚地知道它并不是"研究岁月中绽放的一朵小花"。以德国为基轴通向中世纪史的一系列框架和范围，在本书中不是几乎都完成了吗？前文便引用过，他说自己无法理解不与自己内心相呼应的历史。

因为家庭原因，阿部氏在德式天主教修道院度过少年时代。似乎以未来的主教为目标，所以命运或许特别将这位少年放在启示的地方。

阿部氏的文章不只有知识汇聚的泉水般的明澈，这确实是从穿过人生某个境域的位相所产生的东西。他所说的自己的内心就是与存在的本质相关的东西。不管是学问还是个人，只要是表达，就要有将自己在此世之深渊中可以站立的东西作为祭品献出的叙述能力。在本书扉页背面不在意地引用的《鲁迅诗话》有着深意。

歌，诗，词，曲，我以为原是民间物，文人取为己有，越做越难懂，弄得变成磠石，他们就又去取一样，又来慢慢的绞死它。

如果把"文人"换成"学者"，就很清楚作者以什么样的态度期待本书。这与作者在卷末"栖身于传说之中的老学者"一节中介绍海因里希·斯潘努斯的成绩，并附上他那有深邃表情的照片相呼应。

这位先生似乎 1958 年去世，但极其优秀的《哈默尔恩的捕鼠人——古代传说的成立和意义》这一研究成果目前仍未在祖国德国出版。其内容用本书的语言来说，"彻底收集自己研究领域的材料，找出所有文献，通过它们描绘出传说变化的过程。用一句话概述其视角，则是批判性研究知识分子如何理解极其开放的民众传说"。

斯潘努斯在 78 岁时向哥廷根大学提交了这份学位论文，获得高度评价，在 78 岁提交学位论文等在老研究者众多的欧洲也是稀有的事情。

在这些后面，作者说"在探索史实的方向，越精细地进行历史学式的分析，传说越失去其固有的生命"。眼前仿佛浮现出累累研究著作的碎屑。

在高学历社会这一世纪末式的虚构之中，局外人的我们也感觉到现在学问这种虚业竟也繁盛。在介绍几乎没有享受过知识人特权的斯潘努斯的那一段，看到上文那样真挚的语言，内心很受触动。

"研究者常常结成研究者团体。这个团体作为学界（Zunft）而被社会承认，研究者在其中互相比拼'才华'和'努力'。但是，要打破这种难题时才华是非常危险的工具。我们大概只能完全沉潜于传说的世界，不依赖知识，作为愚者来感受传说变化的必然性。"

这是通过什么样的事业才会有的感怀啊。这是拥有卓越的解析能力和表述能力的才学之人才有的语言。

想到从看似完全不在意的沉潜的视线之下汲取出的历史之泉时，我们能切实感受到阿部氏的立脚点深深扎根在现代日本的智性土壤中。

参考文献

关于传说的史料

Quellensammlung zur Hamelner Rattenfängersage, Hrsg. von Hans Dobbertin, Schriften zur niederdeutschen Volkskunde, Bd. 3, Gottingen, 1970.

与吹笛人、捕鼠人传说相关的文献

Wolfgang Wann, *Die lösung der Hamelner Rattenfängersage: EineuesSinnbild des Abendlandes*, Diss, Würzburg, 1949.

Heinrich Spanuth, *Der Rattenfänger von Hameln: VomWerden und Sinn eineralten Sage*, Diss, Gottingen,1951.

Hans Dobbertin, *Der Auszug der Hamelnschen Kinder(1284): Ein Vermißtenschicksal der Kolonisationszeit wurde zur Volksage*, Schrifenreihe der 'Genealogischen Gesellschaft' zurGeschichte der Stadt Hameln und des Kreises Hameln-Pyrmont, H. 19, Hameln, 1958.

——, *Wohinzogen die Hämelschen Kinder(1284)?*, Hildesheim,1955.

Waltraud Woeller, "Zur Sage vom Rattenfänger von Hameln," *Wissenschaftliche*

Zeitschrift der Humboldt-Universität zu Berlin, Jg. VI, 1956/57, Nr.2.

——, "Zur Entstehung und entwicklung der Sage vomrattenfanger von Hameln," *Zeitschriftfür deutsche Philologie*, Bd. 180, 1961.

Heino Gehrts, "Zur Rattenfängerfrage," *Zeitschriftfür deutsche Philologie*, Bd. 74, 1955.

James P. O'Donnell, "Der Rattenfänger von Hameln," *Der Monat: Eine international Zeitchrift*, H. 93, 1956.

Robert Browning, *Selected Poems of Robert Browning*, (Ishida Kenji) Tokyo, 1954

Martin Wähler, "Der Kinderauszug von Erfurt nachArnstadtim Jahre 1237," *Zeitschrift des Vereins für Thüringische Geschichte*, N. F. 37, 1940.

Johannes Herrmann, "Der Rattenfänger von Dziergunken-Mühle," *Heimat und Volkstum*, 1957.

Jacob Grimm und Wilhelm Grimm, *Deustsche Sagen*, 1816, 1818, Neudruck, 1972.

Will-Erich Peuckert, "Die Welt der Sage", *Vergleichende Sagen-forschung*, *Wege der Forschung*, Bd. CLII, 1969.

Adolf Bach, *Deutsche Volkskunde*, 3, Aufl, Heidelberg, 1960.

哈默尔恩市相关的史料

Urkundenbuch des stiftes und der Stadt Hameln, Hrsg. Von Meinardus, O. Bd. I und II, Hannover, 1887, 1993

与哈默尔恩市相关的文献

Heinrich Spanuth, Rudolf Feige, *Geschichte der Stadt Hameln*, Bd. I,

1939/40, Bd. II, 1963.

Albert Neikirch, *Hamelner Renaissance, Vom Schicksal einer niedersachsischen Stadtkultur*, Hameln, 1950.

Kurt Ortmanns, *DasBistum Minden in seinen Beziehungen zu König, Papst und Herzog bis zum Ende des 12. Jahrhunderts: Ein Beitragzur Germania Pontifica*, Bensberg, 1972.

Neumann, E. G., Norkus, J., *Hamelner St. Nicholai, Geschichte und Aufbau*, Hameln, 1962.

Rudolf Kötzschke, Hellmut Kretzschmar, *Sächsische Geschichte*, Frankfurt, 1965.

Hermann Rothert, *Westfalische Geschichte*, 3 Bde. Gutersloh, 1964.

Thomas Klein, *DerKampf um die zweite Reformation in Kursachsen 1586-1591*, Koln/Graz, 1962.

关于中世纪社会及城市市民的文献等

Kriegk, G. L., *Deutsches Burgertum im Mittelalter*,Bd. I, 1868 Bd. II, Frankfurt, 1871.

Alwin Schultz, *Deutsches Leben im XIV und XV Jahrhundert, Grosse Ausgabe*, Wien, 1892.

——, *Das hofische Leben zurzeit der Minnesinger*, Leipzig, 1879.

Buhler, J., Die Kultur des Mittelalters, Stuttgart, 1943.

Fritz Curschmann, *Hungersnote im Mittelalter: Ein Beitrag zur deutschen Wirtschaftsgeschichte des 8. Bis 13, Jahrhunderts*, Leipziger Studienaus dem Gebiet der Geschichte, Leipzig, 1900, Neudruck, 1970.

Karl Weinhold, *Die deutschen Frauen in dem Mittelalter: Ein Beitragzu den Hausaltertumern der Germanen*, Wien, 1851.

Herbert Helbig, Lorenz Weinrich, *Urkunden und erzahlende Quellen zur* deutschen Ostsiedlung im Mittelalter, 2 Bde. Darmstadt, 1970.

Rudolf Kötzschke, Wolfgang Ebert, Geschichte der ostdeutschen Kolonisation, Leipzig, 1937.

Karl Heinz Quirin, Die deutsche Ostsiedlung im Mittelalter, Quellensammlung zur Kulturgeschichte, Gottingen, 1954.

Georg von Below, Das altere deutsche Stddtewesen und Burgertutu, Monographien zur Weltgeschichte, Bielefeld/Leipzig, 1898.

Eduard Heyck, Die Kreuzzilge und das heilige Land, Monographien zur Weltgeschichte, Bielefeld/Leipzig, 1900.

Erich Maschke, Die Unterschichten der mittelalterlichen Stdte Deutschlands, Die Stadt des Mittelalters, Bd. III, Wege der Forschung, Bd. CCXLV, 1973.

Gerald Strauss, Nuremberg in thesixteenthCentury, New York, 1966.

Friedrich Heer, Kreuzzge, gestern, heute, morgen?, Frankfurt, 1969.

——, Mittelalter, Kindlers Kulturgeschichte, Zurich, 1961.

Epperlein, S., Bauernbedifrackung und Bauernwiderstand im hohen Mittelalter, Zur Erforschung der 1 Irsachertbauerlicher Abwanderung nach Osten im 12. und 13, Jahrhundert, Berlin, 1960.

Max Baue, Das Geschlechtsleben in der deutschen Vergangenkeit, Berlin/Leipzig, 1902.

Giovanni Arpino, L'Operacompleta di Bruegel, Clasici dell 'arte Rizzoli Editore Milano, 1967.

Adolf Mönckeberg, Die Stellung der Spielleute im Mittelalter, Diss, Freiburg, 1910.

Hans Joachim Moser, Die Musikergenossenschaft im deutschen Mittelalter, Diss, Rostock, 1910.

Alan Charles Kors, Edward Peters, Witchcraft in Europe 1100-1700: A DocumentaryHistory, University of Pennsylvania Press, 1972.

Walter Salmen, Der fahrende Musiker im europäischen Mittelalter, Die

Musik im alten und neuen Europa. Bd, 4, Kassel, 1960.

Hans Boesch, *Kinderleben in der deutschen Vergangenheit*, Monographien zur deutschen Kulturgeschichte. V. Bd, Leipzig, 1900.

Theodor Hampe, *Die fahrende Leute in der deutschen Vergangenheit*, Monographien zur deutschen Kulturgeschichte, X. Bd, Leipzig, 1902.

Julius Lippert, Christentum, *Volksglaube und Volksbrauch: Geschichtliche Entwicklung ihres Vorstellgsihaltes*, Berlin, 1882.

阿部謹也，「ハメルンの笛吹き男伝説の成立と変貌」，『思想』，581 号。

阿部謹也，『ドイツ中世後期の世界』，未来社。

译名对照表 *

A

阿道夫　アードルフ　Adolf

阿恩施塔特　アルンシュタット　Arnstadt

阿恩施塔特　アルンシュタット　Arnstadt

阿尔贝里希　アルベリッヒ　Alberich？

阿尔伯特　アルベルト　Albert

阿尔伯特·阿尔西比亚德斯　アルブレヒト·アルキビアデス
　　　Albrecht Alcibiades von Brandenburg-Kulmbach

阿尔布雷希特　アルブレヒト　Albrecht

阿尔布雷希特四世　アルブレヒト四世　Albrecht IV

阿尔勒宗教会议　アルル教会会　Council of Arles

阿尔萨斯　アルザス

阿尔滕贝肯　アルテンベケン　Altenbeken

阿尔文·舒尔茨　アルヴィン·シュルツ　Alvin Schultz

---

* 日文原书未提供译名对照表，中译以首字母顺序，列出专有名词的中日
　文对照，并在后面尽可能附上西语原文。学识有限，部分内容未能查到，
　部分内容无法保证，以"？"表示，其余部分也可能有错误，权作参考。

阿梅隆斯伯恩修道院　アメルングスボルン修道院
　　Kloster Amelungsborn
阿什顿　アシュトン　Thomas Southcliffe Ashton
阿塔纳修斯·基歇尔　アタナシウス·キルヒャー　Athanasius
　　Kircher
阿维尼翁　アヴィニヨン　Avignon
阿西西　アッシジ　Assisi
埃伯斯瓦尔德　エーベルスヴァルデ　Eberswalde
埃布斯托夫地图　エプストルフの世界地図　Ebstorf Map
埃尔福特　エアフルト　Erfurt
埃弗斯坦伯爵　エーフェルシュタイン伯　Everstein
埃斯林根　エスリンゲン　Landkreis Esslingen
艾恩贝克　アインベック　Einbeck
艾恩贝克　アインベック　Einbeck
艾尔维拉宗教会议　エルヴィラの教会会議　Council of Elvira
艾里希公爵　エリッヒ公　Erich I
艾洛伊斯　エロイーズ　Héloïse
安波罗修　アンブロシウス　Ambrosius
安波罗修　アンブロジウス　Ambrosius
安德里亚斯·洪多夫　アンドレアス·ホンドルフ　Andreas Hondorf
安德烈亚斯·奥西安达　アンドレアス·オジアンダー　Andreas
　　Osiander
安基奥尼尼　アンジオニーニ
安科纳　アンコナ　Ancona
安日纳四世　エウゲニウス四世　Eugenius IV
安斯巴赫　アンスバッハ　Ansbach
奥德　オーデル　Ode
奥尔良　アオルレアン　Orléans
奥格斯堡　アウクスブルク　Augsburg

奥古斯丁　アウグスチヌス　Augustinus

奥基亚　オルギー　Orgia

奥洛穆茨　オルミュッツ　Olmütz

奥帕瓦　トロッパウ　Troppau / Opava

奥斯纳布吕克　オズナブリュック　Osnabrück

奥斯特街　オスター通り　Osterstraße

奥唐纳　オドルネル　O'Donnell

奥托·冯·埃弗斯坦　オットー・フォン・エーフェルシュタイン
　　Otto von Everstein

奥托·梅纳尔杜斯　オットー・マイナルドゥス　Otto Meinardus

奥托卡二世　オタカル二世　Ottokar II

奥泽　オーゼン　Ohsen

　帕瓦的马丁　マルチン・フォン・トロッパウ　Martin von
　　Troppau

B

巴登　バーデン　Baden

巴多　バルド　Bardo

巴尔塔萨·贝卡　バルタザール・ベッカー　Balthasar Bekker

巴勒莫　パレルモ　Palermo

巴塞尔　バーゼル　Basel

巴斯贝格　バスベルク　Basberg

巴斯贝格　バスベルク　basberg

巴托罗缪·安格利克　バルトロメウス・アングリクス
　　Bartholomaeus Anglicus

巴西利卡　バジリカ　basilica

巴西利斯克　バジリスク　basilisk

拜仁　バイエルン　Bayern

班贝格　バンベルク　Bamberg

邦国　領邦　Territorium

邦国君主　領邦君主　Landesherr

磅　プフント　pfund

悲伤小丑　ピエロ　Pierrot

贝尔法斯特　ベルファスト　Belfast

贝尔林根　ベルリンゲン　Berlingen

贝居安会院　ベギーネンホーフ　Beginenhof

贝克　ベッカー　Rudolph Zacharias Becker

贝辛根　ベッシンゲン　Bessingen

背篓　キーペ　kiepe

《被破解的寓言——哈默尔恩儿童的失踪》『暴かれた寓話——ハー
　メルンの子供たちの失踪』 *Die entlarvte Fabel vom Ausgange
　der Hämelschen Kinder*

本笃　ベネディクト　Benedicti

本笃修道院　ベネディクト修道院

彼得·阿伯拉尔　Petrus Abaelardus

边宁荷夫　ベニングホーフェン　Benninghoven

波吉斯拉夫　ボギスラフ　Bogislaw

波兰风笛　ポーランドボック　Poland bock

波勒　ポレ　Polle

波美拉尼亚　ポンメルン　Pommern

波希米亚　ベーメン　Böhmen

波希米亚　ベーメン　Böhmen

伯恩哈德　ベルンハルト　Bernhard

伯格玛　ブルクマイル　Hans Burgkmair

勃兰登堡　ブランデンブルク　Brandenburg

勃兰登堡　ブランデンブルク　Brandenbourg

博登湖　ボーデン　Bodensee

捕鼠人之家　鼠捕り男の家　Rattenfaengerhaus。

《不可思议的生活》『不可思議な生活』

不来梅的亚当　アダム・フォン・ブレーメン　Adam von Bremen

不伦瑞克　ブラウンシュヴァイク　Braunschweig

《不伦瑞克编年史》『ブラウンシュヴァイク年代記』
　　　　Braunschweig-Lüneburgische Chronica?

不伦瑞克—沃尔芬比特尔　ブラウンシュヴァイク＝ヴォルフェン
　　ビュッテル　Braunschweig-Wolfenbütte

布德　ブッデ　Budde

布德瓦　ブドヴァイス　Budweiser?

布尔诺　ブリュン　Brünn

布克哈特・钦克　ブルクハルト・チンク　Burckhardt Cink?

布拉格　プラハ　Praha

《布兰诗歌》『カルミナ・ブラーナ』　*Carmina Burana*

布勒　ビューラー　Karl Ludwig Bühler?

布雷萨诺内　ブリクセン　Brixen

布里格　ブリーク　Brig

布林迪西　ブリンディシ　Brindisi

布鲁诺・冯・绍恩堡　ブルーノ・フォン・シャウムブルク　Bruno
　　von Schauenburg

布热斯科　ジェスコ　Brzesko

布特尔　ビュッテル　Butel?

C

《超越自由与尊严》『自由と尊厳の彼方に』　*Beyond Freedom and
　　Dignity*

城市登记簿　市の記録簿　Stadtbuch

《从哈默尔恩离开》『ハーメルンからの失踪』　*Exodus Hamelensis*

D

达尔沃沃（波兰语）/ 吕根瓦尔德（德语）　リューゲンワルデ
　　　Rügenwalde

达缪德　ダミュンド

达姆施塔特　ダルムシュタット　Darmstadt

大礼拜堂　ミュンスター　Münster

大斋节　四旬

代表作　マイスターシュットク　Meisterstück

代理人　ロカトール　locator

戴斯特　ダイスター　Deister

戴斯特泼特　ダイスターフォルテ　Deisterpforte

丹尼尔·艾伯哈德·巴林　ダニエル・エーベルハルト・バリング
　　　Daniel Eberhard Baring

丹尼尔·霍普瑟　ダニエル・ホプサー　Daniel Hopser

道鲁姆　ドールム　Doorm

《德国神话学研究》『ドイツ神話学研究』 *Beiträge zur Deutschen*
　　　Mythologie

德朗西列努斯　ドランシー・レヌー　Drancy Les Noues

德累斯顿　ドレスデン　Dresden

德里斯　M・デリース　M. Denise？

《德意志——或者游历国内的德国人书信》『ドイツ——あるいは
国内を旅行するドイツ人の手紙』 *Deutschland, oder Briefe eines*
　　　in Deutschland reisenden Deutschen

狄奥多里克大帝　テオドリッヒ　Theodoric

迪特里希·冯·德派纳乌　ディートリッヒ・フォン・デペナウ
　　　Dietrich von Depenau

迪特里希·斯泰格　ディートリッヒ・シュタンゲ　Dietrich Stange

地方代理官　シュルトハイス　Schultheiss

地下圣堂　クリプタ　Krypta

第纳里乌斯 デナリウス denarius
第聂伯 ドニエプル Днепр
佃农 リーテン liten
丢托 ヂュート
独立裁判权 ハンザグレーフ Hansegraf
杜尔克鲁特 デュルンクルト Dürnkrut
杜塞尔多夫 デュッセルドルフ Düsseldorf
多布拉维茨 ドブラヴィッツ Dobrawitz？

E

儿童福利院 棄子養育所（フィンデルハウス） Findelhaus
《儿童游戏》『子供の遊び』

F

法典 法書（ドナ） *Donat*
藩侯 辺境伯 Marggraf
方济各会 フランシスコ会
菲利普·卡梅拉留斯 フィリップ·カメラリウス Philipp Camerarius
腓力一世 フィリップ1世 Philipp I
腓特烈一世 フリードリヒ1世 Friedrich I
芬尼 プフェニヒ pfennig
封地 レーエン lehen
佛兰德 フランドル Flandern
弗赖堡 フライブルク Freiburg
弗赖辛的奥托 オットー·フォン·フライジング Otto von
　　Freising
弗朗茨·韦格 フランツ·ヴェルガー Franz Werger
弗朗西斯·沃格 ブランシスクス·ヴェルガー Franciscus Wörger
弗里德里希·波彭迪克 フリードリッヒ·ポッペンディーク

Friedrich Poppendieck

弗里德里希·霍格特　フリードリッヒ·ホゲールテ　Friedrich
　　Hogerte

弗里斯　フリース

弗里斯兰　フリースランド　Friesland

弗利森　フリーゼン　Friesen

弗罗本·克里斯托夫　フローベン·クリストフ　Froben Christoph

弗罗茨瓦夫　ブレスラウ　Breslau

弗洛列夫森　フロレヴセン

浮士德　ドクトル·ファウスト　Doctor Faustus

富尔达河　フルダ河　Fulda

富尔达修道院　フルダ修道院　Kloster Fulda

G

高茨特奥依　神への誠実　Gottstreu

高权　高権　Hoheitsrecht

哥达　ゴータ　Gotha

哥特沙尔克·豪来　ゴットシャルク·ホレ　Gottschalk Holle

哥廷根市　ゲッチンゲン　Göttingen

格奥尔格五世　ゲオルク5世　Georg V

《格兰茨博登》『グレンツボーテン』 *Grenzboten*

格勒宁根　グレーニンゲン　Gröningen

格里高利一世　グレゴリウス1世　Gregorius I

格鲁艾尔浩特　グルエルホート

格罗德库夫　グロットカウ　Grottkau

格罗宁根　フローーニンゲン　Groningen

格特鲁德　ゲルトルード　Gertrud

《给宫廷的报告》『宮廷への報告』

贡德　グローンデ　Grohnde

古　アンティクア　antiqua

古典庄园制　ヴィリカチオン制　Villikationsverfassung

古提琴　フィドル　Fiddle

《关于当前时代的奇迹》『不可思議な徴』 *De miraculis sui temporis*

《关于恶魔的幻术、咒语及毒药》『悪魔の幻誘について……』 *De*
　　praestigiis daemonum, et incantationibus, ac veneficiis

《关于哈默尔恩孩子失踪的反驳》『ハーメルンの子供たちの失踪に
　　ついての反論』

观音土　ベントナイト　bentonite

H

哈茨山　ハルツ　Harz

哈德良一世　ハドリアヌス1世　Hadrianus I

哈鲁特姆　ハルテム

哈伦堡　ハーレンベルク　Halenberg

《哈默尔恩不幸孩子的失踪》『ハーメルンの不幸な子供たちの失
　　踪』

哈默尔恩村　ハムリンゴウ　Hamlingow

《哈默尔恩的寓言》『ハーメルンの寓話』

《哈默尔恩市　キウィタスハメレン　cīvitās Hameln

《哈默尔恩市档案集》『ハーメルン市文書集』 *Urkundenbuch des*
　　stiftes und der Stadt Hameln

《哈默尔恩市市史集成》『ハーメルン市史集成』

哈塞尔　ハーゼル　Hasel

海布　エゲル　Eger

《海盗》『コルセール』 *Corsair*

海伍德　ヘイウッド　Heywood

海牙　ハーグ　Haag

海因里希·冯·黑尔福德　ハインリッヒ·フォン·ヘルフォルト

Heinrich von Herford

海因里希·科恩曼　ハインリッヒ・コルンマン　Heinrich Kornmann

汉伯里　ハンベリ　Hanbury

汉恩明登　ミュンデン　Hann. Münden

汉尼拔·努勒乌斯　ハンニバル・ヌレイウス　Hannibal Venuleius？

汉斯·多伯廷　ハンス・ドバーディン　Hans Dobbertin

汉斯·福尔兹　ハンス・フォルツ　Hans Folz

汉斯·朔尔茨　ハンス・ショルツ　Hans Scholz

汉斯·泽洛斯　ツアイトロース　Hans Zeitlos

行会总会　モルゲンシュプラーヘ　Morgensprache

荷尔斯泰因　ホルシュタイン　Holstein

荷兰盾　グルデン　Gulden

赫尔　ヘル　Hell？

赫尔曼　ヘルマン　Hermann

赫尔曼·科纳　ヘルマン・コルナー　Hermann Korner？

赫尔默德　ヘルモルト　Helmold of Bosau

赫克斯特　ヘクスター　Höxter

黑尔　ヘーア　Hare

黑森伯国　ヘッセン方伯　Landgraf von Hessen

黑斯费尔德　ヘルスフェルト　Hersfeld？

红胡子　バルバロッサ　Barbarossa

洪堡　ホンブルク　Homburg

洪洛德　ホンローデ　Honrode

胡戈·沃尔夫　ヴォルフ　Hugo Wolf

胡格诺派　ユグノー　Huguenot

胡斯战争　フス戦争　Hussitenkriege

花窗玻璃　ガラス

徽章　ワッペン　wappen

婚礼之家　ホッホツァイトハウス　Hochzeithaus

豁免权　イムニテート　Immunität

霍尔茨明登　ホルツミンデン　Holzminden

霍亨斯陶芬家族　シュタウフェン　Hohenstaufen

J

《基督教古代的秘密》『キリスト教古代の秘密』 *Die Geheimnisse des christlichen Altertums*

基督圣体圣血节　聖体の祝日

吉莱门　ジレモン

吉佐·霍格特　キゾ·ホゲールテ　GitzoHogerte？

极优等　マグナ·クム·ラウデ　Magna Cum Laude

集会　コロキウム　colloquium

集市教堂　マルクト教会　Marktkirche

集体村社　マルク共同体　Markgenossenschaft

加利西亚　ガリチア　Галичина

加利西亚　ガリチア　Galicia

《加洛林刑法典》『カロリーナ刑事法典』*Constitutio Criminalis Carolina*

嘉布遣会　カプチン派

嘉露利　ガルリ

间奏　リトルネロ　ritornèllo

监护　フォークタイ　Vogtei

监护官厅　シュルテンホーフ　schultenhof？

剑桥学生歌曲　Carmina Cantabrigiensia

将临期　待降

匠人　ゲゼレ　geselle

教会的佃农　カメルリンギ·エクレシアエ

教会法　教会法的　canon law

街头风琴手　回しオルガン　Barrel organ

界墙（Limes） 周辺（リーメス）

《金锁》『金の鎖』 *Catena Aurea*

《经济增长的代价》『経済成長の代価』 *The Costs of Economic Growth*

酒吧乐师 ビアフィードラー Bierfiedler

酒神 ディオニソス Dionysos

居普良 キプリアヌス Thascius Caecilius Cyprianus

K

卡尔瓦略 カルワリオ Kalvarie

卡塞尔 カッセル Kassel

卡舒比 カシューブ Kaszub

卡斯帕尔·高德沃姆·阿特西奴斯 カスパール·ゴルトヴルム·アテシーヌス Kaspar Goldwurm Atesinus

开放社会 開かれた世界 Open Society

开姆尼茨 ケムニッツ Chemnitz

康拉德·鲍姆加特纳 コンラント·パウムガルトナー Konrad Paumgartner

康拉特·波特斯 コンラート·ボトス Conrad Celtis

康斯坦茨 コンスタンツ Konstanz

柯克帕特里克 カークパトリック Kirkpatrick

科尔登菲尔特 コルデンフェルト Koldenfeld？

科尔马 コルマール Kolmar

科尔新堡 コルノイブルク Korneuburg

科隆 ケルン Köln

科隆大主教 ケルン大司教 Erzbischöfe von Köln

科潘 コッファーン Kopań（德语为Kopahn）

科彭 ポッペン

科彭贝格 ポッペンベルク Koppenberg

科彭布昌格　コッペンブリュッゲ　Coppenbrügge
科普法鲁特　コップファールト
克尔科诺谢山　リーゼンゲビルゲ　Riesengebirge
克拉科夫　クラクフ　Krakau
克拉科夫　クラクフ　Krakau
克莱尔沃　クレールボー　Clairvaux
克莱因·阿弗德　クライン·アフェルデ　Klein Afferde
克里克　クリーク　G. L. Krieck ?
克里斯托夫·弗里德里希·费恩　クリストフ·フリードリッヒ·フ
　　アイン　Christoph Friedrich Fein
克桑滕　クサンテン　Xanten
《克桑滕编年史》『クサンテン年代記』　Annales Xantenses
《恐怖之山》『畏怖すべき山』
口头法律传统　判告録　Weistuemer
寇格船　コッゲ船　Kogge
骷髅之舞　死の舞踏
苦路　十字架の道行き
库尔姆巴赫　クルムバッハ　Kulmbach
库劳　クロウ　Cloyes
库卢肯　クルケン　Kürken
狂欢节　ファストナハト　Fastnacht
狂欢节　謝肉祭（カーニバル）　carnival

L

拉贝里乌斯　ラベリウス　Laberius
拉伯斯坦　ラッポルトシュタイン　Rappoltstein
兰斯　ランス　Reims
劳恩施坦因　ラウエンシュタイン　Lauenstein
老彼得·勃鲁盖尔　ブリューゲル　Pieter Bruege de Oude

老底嘉教会　ラオディキア教会会議　Synod of Laodicea

乐师之王　シュピールケーニッセ

雷格　J·C·レーガー　Joachim Conrad Reger？

雷根斯堡　レーゲンスブルク　Regensburg

雷根斯堡　レーゲンズブルク　Regensburg

里尔的尼古拉　ニコラウス·フォン·リール　Nikolaus von Lyra

《历史拔萃》『歴史抜粋』

《历史的乐园》『歴史の楽園』 *Historischer Lustgarten*

《历史绘画馆》『歴史絵画館』

《历史性事例之书》『歴史的事例の書』 *Theatrum Historicum*

立陶宛　リトアニア　Lietuvos

立窝尼亚　リヴォニア　Livonia

利珀　リッペ　Lippe

林特尔恩　リンテルン　Rinteln

领地主权　領域支配　Landesherrschaft

留贝扎尔　リューベツアール　Rübezahl

流浪生活　ヴィタ·ヴァゴールム　vita vagoum

流浪学生　クレリキ·ヴァギ　Clericivagi/Clericivagantes

流浪艺人（Spielleute）　遍歴芸人（シュピルロイテ）

龙西法尔　ロンシファール

卢卡　ルッカ　Lucca

卢卡斯·范·莱顿　ルーカス·ファン·レイデン　Lucas van Leyden

鲁道夫·冯·哈布斯堡　ルドルフ·フォン·ハプスブルク　Rudolf
　　von Habsburg

鲁道夫一世　ルードルフ　Rudolf I

论断　テーゼ　these

罗伯特·勃朗宁　ロバート·ブラウニング　Robert Browning

罗尔森　ロールセン　Rohrsen

罗塔特　ロタート　Rotart

罗滕堡　ローテンブルク　Rothenburgob der Tauber

洛尔施　ロルシュ　Lorsch

吕贝克　リューベック　Lübeck

吕根岛　リューゲン　Rügen

吕讷堡　リューネブルク　Lüneburg

吕讷堡石楠草原　リューネブルガーハイデ　Lüneburger Heide

《旅行编年史》『旅の年代記』

M

马达努斯·冯·赖歇尔斯贝格　マダヌス·フォン·ライヒャースベ
　ルク　Madanus von Reichersberg？

马丁·蔡勒　マルティン·ツアイラー　Martin Zeiller

马丁·维拉　マルチン·ヴェーラー　Martin Wähler

马丁·肖克　マルティン、ショック　Martin Schock

马尔凯费尔德战役　マルヒフェルトの戦い　Schlacht auf dem
　Marchfeld

马格德堡　マクデブルク　Magdeburg

马赛　マルセイユ　Marseille

马施克　マシュケ　Erich Maschke

玛利亚堡　マリエンベルク　Marienberg

玛萨·维特　マーサ·オエルテル

曼海姆　マンハイム　Mannheim

曼斯菲尔德　マンスフェルト　Mansfeld

冒险者　アーベントイアー　Abenteuer

没有名誉的人　ウンエールリッヒ　verlorene Ehre

梅克伦堡　メクレンブルク　Mecklenburg

梅克伦堡　メクレンブルク　Mecklenburg

梅丽　安メリアン

梅斯伯格　メルスペルグ　Mörsberg

梅斯基希　メスキルヒ　Meßkirch

美因　マイン　Main

美因茨　マインツ　Mainz

门格贝克　メンケベルク　Monckeberg

门西斯坦　メンヒシュタイン

米尔豪森　ミュールハウゼン　Mühlhausen

米迦勒节　ミカエル巡礼

米香　ミシャン　Erza J. Mishan

《民众传说、童话的神话学》『民衆の伝説とメルヘンの神話学』

名誉　エーレ　ehre

明登　ミンデン　Minden

摩拉维亚　メーレン　Mähren

摩西　モーゼ　Moses

磨坊门　ミューレントーア　Mühlentor

《魔法世界》『魔法をかけられた世界』　*De betooverde wereld*

魔鬼　デーモン　Demon

魔王　マグス　Magus

抹大拉的马利亚　マリア・マグダレナ　Maria Magdalena

莫里茨·布施　M・ブッシュ　Moritz Busch

莫里斯　モーリッツ　Moritz

莫泽　モーザー　Möser

墨兰顿／腓力·墨兰顿　メランヒトン　Philipp Melanchthon

牧场　フーデ　hude

慕尼黑　ミュンヘン　München

N

讷德林根　ネルドリンゲン　Nördlingen

尼古拉　ニコラウス　Nikolaus

尼古拉·冯·斯皮格伯格伯爵　ニコラウス・フォン・シュピーゲル

ベルク

尼古拉斯·尼伦伯格　ニコラウス·ニーレンベルガー　Nikolaus
　　Nielenberger

诺夫哥罗德　ノヴゴロド　Novgorod

诺福克　ノーフォーク　Norfolk

诺克　ノルク　Nork

诺曼底　ノルマンディー

诺伊基希　ノイキルヒ　Neukirch

P

帕绍　パッサウ　Passau

丕平　ピピング　Pipping

披肩　マント　manteau

皮尔蒙特　ピュルモン

皮雷纳　アンリ·ピレンヌ　Henri Pirenne

《普遍音乐》『普遍的音楽技法』　*Musurgia universalis*

普罗科匹厄斯　プロコピウス　Procopius

《普世的圣经注解》『ポスティラエ·ペルペトゥアエ』　*Postillae*
　　Perpetuae

Q

《奇迹与奇迹征兆之书》『奇跡と奇跡の徴の書』

奇普斯　チップス

虔诚者路易　ルートヴィヒ1世　Ludwig I

乔治·伯格　ゲオルク·グラーバー　Georg Graber

乔治·弗里德里希·道默　G·F·ダウマー　Georg Friedrich Daume

桥门　ブリュックトーア　Brücketür

R

热那亚　ジェノヴァ　Genova

《热情》『パッシオナーレ』　*Passionarius / Passionale*

S

萨尔茨堡　ザルツブルク　Salzburg

萨克森家族　ザクセン族　Sachsen

萨森　サッセン

塞巴斯蒂安·布兰特　セバスチアン·ブラント　Sebastian Brant

塞巴斯蒂安·弗兰克　セバスチアン·フランク　Sebastian Franck

塞巴斯蒂安·斯皮尔克　セバスチアン·シュピルカー　Sebastian
　　Spilker

塞弗里德　ザイフリート　Seyfried

塞林格　R·サリンジャー　R. Salinger

塞缪尔·埃里希　サミュエル·エーリッヒ　Samuel Erich

三泉　トロワ·フォンテーヌ　Trois-Fontaine

色尔吉吉乌斯　シェルギギウス

煽动政治家　デマゴーグ　Demagog

绍姆堡　シャウムブルク　Schaumburg

什切青　シュテティン　Stettin

什一税馆　ツェーントホーフ　Zehnthof？

圣彼得　聖ペトロ　Petrus

圣伯尼法爵教区修道院　ボニファティウス律院　Stift St. Bonifatius

圣但尼　サンドニ　Saint-Denis

圣恩格尔伯特　聖エンゲルベルト　Engelbert II

圣方济各　聖フランシス　San Franciscus

圣灰节　灰の水曜日

圣加伦　ザンクト·ガレー　Sankt Gallen

圣露西节　ルチア祭り

圣马格努斯　聖マグヌス　Saint Magnus

圣米迦勒　サンミシェル

圣母经　天使祝词

圣母修道院　リープフラウエン律院

圣潘捷列伊蒙　パンタレオニ　Saint Pantaleon

圣约翰和圣保罗日　ヨハネとパウロの日

圣哲罗姆　聖ヒエロニウス　Eusebius Sophronius Hieronymus

诗人　诗人（エピカー・スコープ）

狮子亨利　ハインリヒ子公　Heinrich der Löwe

施马尔卡尔登联盟　シュマルカルデン　Schmalkaldischer

施瓦本　シュヴァーベン　Schwaben

施瓦伦贝格　アルベルト・フォン・シュヴァーレンベルク　Albert
　　von Schwalenberg

施旺高　シュヴァーベンガウ　Schwabengau

《世界报》『ディ・ヴェルト』　Die Welt

市场　プフェールデマルクト　Pferdemarkt？

市郊（Vorstadt）　従属都市（フォーアシュタット）

市议长　ラートマイスター　Landmeister

市长　ビュルガーマイスター　Bürgermeister

市政大厅　市参事会堂　rathaus

鼠岛　鼠の島（ラッテンオルト）

斯蒂芬　シュテファン　Stephen

斯基巴特　シェンバルト　Schembartlauf

斯金纳　B・F・スキンナー　Burrhus Frederic Skinner

斯潘努斯　シュパヌート　Heinrich Spanuth

斯皮格伯格　シュピーゲルベルク　Spiegelberg

斯坦格　シュタンゲ　Stange

斯特拉斯堡　シュトラースブルク　Straßburg

斯滕巴尔克　タンネンベルク　Tannenberg

斯图加特　シュトゥットガルト　Stuttgart

松德斯豪森　ゾンダーハウゼン　Sondershausen

苏台德地区　ズデーテン　Sudetenland

T

塔兰同　タレント　talent

塔勒　ターラー　Taler

陶笛　オカリナオカリーナ

特费斯贝格　トイフェルスベルク　Teufelsberg

特兰西瓦尼亚　ジーベンビュルゲン　Siebenbürgen

特里尔　トリアー　Trier

特里斯坦　トリスタン　Tristan

特殊弥撒（歌弥撒）　歌ミサ（ベーデメッセ）

提埃门　ティエトーラ　Thietor

提勒·克鲁普　ティレ·コルプ　Tile Kolup/Dietrich Holzschuh

提里威高　ティリチガウ　Tilithigau

条顿骑士团地区总部　ドイツ騎士修道会館

同业公会　ツンフト　zunft

童话　メルヘン　märchen

图阿纳　トアナール　Toanar

图尔　トゥール　Tours

图林根　チューリンゲン　Thüringen

土地和平令　ラント平和令　Landfrieden

托马斯·莫纳　トーマス·ムルナー　Thomas Murner

W

瓦茨拉夫二世　ヴェンツェル　Václav II

瓦尔米亚　エルムランド　Ermland（德语）/Warmia（波兰语）

瓦伦丁　ヴァレンティン　Valentin

瓦伦森　ヴァレンゼン　Wallensen

汪达尔　ヴァンダル　Vandal

旺格里斯特　ワンゲリスト

威拉河　ヴェラ河　Werra

威廉·格莱斯顿　グラッドストーン　William Ewart Gladstone

威廉·穆勒　W·メラー／ミュラー　Wilhelm Konrad Hermann
　　Müller

威斯特伐利亚　ヴェストファーレン　Westfalen

威悉　ヴェーゼル　Weser

威悉福特　ヴェーゼルフォルテ　Weserfort

威悉高地　ヴェーザーベルクラント　Weserbergland

威悉文艺复兴风格　ヴェーゼル·ルネッサンス　Weser
　　Renaissance

韦德金·冯·奥森　ヴェデキント·フォン·オーゼン　Wedekind
　　von Ozen?

韦尔夫家族　ヴェルフェン家　Haus Welfen

韦门　ヴェットトーア　Wettor

韦珀　ヴィポ　Wipo of Burgundy

维尔茨堡　ヴュルツブルク　Würzburg

维尔茨胡特　ヴィルツフート　Wildshut

维斯马　ヴィスマール　Wismar

维斯瓦　ワイクゼル／ワイクセル　Weichsel

维泰博的戈弗雷　ゴットフリート·フォン·ヴィテルボ
　　Gottfried von Viterbo

维也纳　ヴィーン　Wien

魏玛　ヴァイマール　Weimar

《魏玛的奇迹之书》『ワイマールの奇蹟の書』

文理中学　ギムナジウム　Gymnasium

文斯托夫　ヴンストルフ　Wunstorf

沃尔夫　ヴォルフ　Johann Wilhelm Wolf

沃尔夫冈·比特纳　ヴォルフガング・ビュトナー　Wolfgang Büttner？

沃尔夫冈·维恩　ヴォルガング・ヴァン　Wolfgang Wann

沃尔姆斯　ヴォルムス　Worms

沃勒　ヴォエラー　Waltraud Wöller

沃普尔吉斯　ヴァルプルギス　Walpurgis

乌德勒支　ユトレヒト　Utrecht

乌尔巴诺　ウルバヌス　Urbanus I

乌尔里希　ウルリヒ　Ulrich

乌尔里希·迪特里希　ウルリッヒ・デントリッヒ　Ullrich Dietrich?

乌尔姆　ウルム　Ulm

乌曼茨　ウムマンツ　Ummanz

乌兹　ウズ

无声街　舞楽禁制通り　Bungelosenstrasse

五旬节　聖霊降臨祭

五月树　マイバウム　Maibaum

X

西哥特　西ゴート

西里西亚　シュレージェン

西里西亚　シュレージエン　Schlesische

希尔德斯海姆　ヒルデスハイム　Hildesheim

希尔德斯海姆　ヘンデスハイム　Hildesheim

《席莫伯爵编年史》『チンメルン伯年代記』 *Zimmerische Chronik*

下萨克森　ニーダーザクセン　Niedersachsen

先令　シリング　schilling

小老鼠　モイスヒエン　Mäuslein？

辛特尔　ジュンテル　Süntel

《新旧德意志达契亚、特兰西瓦尼亚的叙述》『新旧ドイッダキア・ジ

一ベンビュルゲンの叙述』 *Das Alt-und Neu-Teutsche Dacia,*
das ist: Neue Beschreibung des LandesSiebenbürgen

新门 ノイエストーラ Neuetor

新市场 ノイエ・マルクト NeuerMarkt

修士牧师 修道司祭 hieromonk

叙事曲 バラード ballade

学徒 レーアリング lehrling

《学校的驴子》『学校のロバ』 *De ezel in school*

血亲复仇 フエーデ Fehde

Y

雅利安 アーリアツンフト Arier

亚历山大的克莱曼特 アレキサンドレイアのクレメンス Clement
of Alexandria

耶罗尼米斯·博斯 ボッシュ Hieronymus Bosch

耶稣升天节 昇天祭

业余者 シュトゥンパー Stümper

伊拉斯谟 エラスムス Desiderius Erasmus Roterodamus

伊丽莎白 エリーザベト Elisabeth

伊丽莎白（艾里希之妻） エリーザベト Frau Elisabeth

伊丽莎白·施吕特 エリーザベト・シュリューター Elisabeth
Schlüter

伊韬 イト Ith

以色列·范·梅肯内姆 イスラエル・フォン・メッケネン Israhel
van Meckenem

艺人（mimus） 俳優（ミムス）

易北河 エルベ川 Elbe

《音乐讨论》『音楽論議』

尤布斯·菲切利乌斯 ヨプス・フィンツェリウス Jobus Fincelius

尤利乌斯·韦伯　Julius Weber

尤鲁根肯　ジュルグンケン

尤斯图斯·莫泽　ユストゥス·メーザー　Justus Möser

游行　プロセッション　Procession

于尔岑　ユルツェン　Uelzen

于利希—克里维斯—贝格　ユーリッヒ·クレーフェ·ベルク　Jülich-
　　Kleve-Berg

鱼门街　フィッシュフォルト　Fischpforten

院长　院長（プロプスト）　Pröpste

约翰·冯·沃思　ヨハンデヴェルト　Johan de Wert

约翰·弗里德里希·穆勒　F·J·モラー　Johann Friedrich Moeller？

约翰·克里斯托夫·哈伦堡　ヨーハン·クリストフ·ハーレンベルク
　　　Johann Kristof Halenberg

约翰·托莱曼　ヨーハン·トゥレマン　Johann Tuleman？

约翰·韦耶　ヨハネス·ヴィエルス　Johannes Wierus

约翰内斯·彼特·贝尔　ヨハンネス·ペーター·ベーア　Johannes
　　Peter Beer

约翰内斯·布恩莫斯　ヨハネス·ボエムス　Johannes Boemos？

约翰内斯·德·路德　ヨハネス·デ·リューデ　Johannes de Lude？

约翰内斯·莱兹纳　ヨハンネス·レッツナー　Johannes Letzner

约翰内斯·缪勒　ヨハンネス·ミュラー　Johannes Müller？

约翰内斯·特伊斯特　ヨハネス·トレスター　Johannes Tröster

约赫　ヨッホ　Joch

《月亮》『デア·モーナト』　Der Mond

Z

《在自己身上阅读历史》『自分の中に歴史をよむ』

泽德门德　ゼデミューンデ　Sedemünder

詹森主义　ジャンセニスム　Jansénisme

中殿　ネーブ　nave
住宅地税　ヴルトゲルト
棕枝主日　枝の主日
组织　アムト　amt

一頁 folio

始于一页，抵达世界

Humanities · History · Literature · Arts

出品人　范　新

责任编辑　邹旭勇

特约编辑　胡晓镜

版权总监　吴攀君

印制总监　刘玲玲

装帧设计　COMPUS · 汐和

内文制作　燕　红

Folio (Beijing) Culture & Media Co., Ltd.
Bldg. 16C, Jingyuan Art Center,
Chaoyang, Beijing, China 100124